新时代大学生综合能力培养教育研究

刘阳 寇福生 著

Research on the Education of Comprehensive Ability Cultivation for College Students in the New Era

东北财经大学出版社
Dongbei University of Finance & Economics Press
大 连

图书在版编目（CIP）数据

新时代大学生综合能力培养教育研究 / 刘阳，寇福生著. —大连：东北财经大学出版社，2024.12. —ISBN 978-7-5654-5461-5

Ⅰ. G640

中国国家版本馆CIP数据核字第2024LN3787号

东北财经大学出版社出版

（大连市黑石礁尖山街217号　邮政编码　116025）

网　址：http://www.dufep.cn

读者信箱：dufep@dufe.edu.cn

大连图腾彩色印刷有限公司印刷　　东北财经大学出版社发行

幅面尺寸：170mm×240mm　字数：147千字　印张：7.25　插页：1

2024年12月第1版　　2024年12月第1次印刷

责任编辑：王　莹　孟　鑫　徐　群　吉　扬　　责任校对：赵　楠

刘慧美　石建华　孔利利　孙晓梅

张爱华　曲以欢

封面设计：张智波　　版式设计：原　皓

定价：45.00元

教学支持　售后服务　联系电话：（0411）84710309

如有印装质量问题，请联系营销部：（0411）84710711

前　言

随着科技的快速发展和社会的深刻变革，当今社会对于大学生的综合素质和能力的要求也在不断提高。当代大学生作为优秀的青年群体，其综合素质和能力直接关系着中国式现代化的进程。

习近平总书记在同各界优秀青年代表座谈时指出："广大青年要坚持面向现代化、面向世界、面向未来，增强知识更新的紧迫感，如饥似渴学习，既扎实打牢基础知识又及时更新知识，既刻苦钻研理论又积极掌握技能，不断提高与时代发展和事业要求相适应的素质和能力。"

进入新时代，我国大学生综合能力培养教育面临的形势发生了深刻变化，迫切需要进一步推动大学生综合能力培养教育的研究与探索。因此，我们需要重新审视和思考大学生综合能力培养教育的理念、方法和途径，以适应新时代的发展需求。

首先，我们需要明确新时代大学生综合能力培养教育的目标。其目标不仅是培养大学生的专业技能和知识，更重要的是培养他们的创新精神、实践能力和社会责任感。我们需要通过多样化的教育方式和手段，激发大学生的创造力和想象力，培养他们的批判性思维和解决问题的能力，使他们成为具有全球视野和时代担当的优秀人才。

其次，我们需要加强大学生综合能力培养教育的实践环节。实践是检验真理的唯一标准，也是提高大学生综合素质和能力的重要途径。我们需要通过校企合作、社会实践等方式，为大学生提供更多的实践机会和平台，让他们在实践中锻炼和提高自己的能力。我们还需要加强对大学生实践成果的评估和反馈，指导他们更好地发挥自己的潜力和优势。

最后，我们需要促进大学生综合能力培养教育的国际化发展。随着全球化的不断推进和国际交流的日益频繁，国际化已成为高等教育发展的重要趋势。我们需要积极拓展国际合作和交流渠道，引进先进的教育理念和教学资源，为大学生提供更广阔的视野和更多的机会。我们还需要加强对大学生国际交流的支持和引导，培养他们的跨文化交流和合作能力，以适应全球化时代的发展需求。

新时代大学生综合能力培养教育研究是一项长期而艰巨的任务，我们要以习近平新时代中国特色社会主义思想为指导，不断探索和创新教育理念与方法，加强实践环节和国际化发展，为培养具有全球视野和时代担当的优秀人才贡献智慧与力量。

我国大学生综合能力培养教育是学术界和实践中常论常新的课题，是由多层次要素构成的理论系统。大学生综合能力培养教育体系应涵盖学风教育、创新教育、就业教育、体育教育、实践教育和劳动教育等诸多方面。

新时代大学生综合能力培养教育体系是落实德智体美劳全面发展的有效举措，是推动高校育人工作科学化、系统化的有效载体。只有将新时代大学生综合能力培养教育的各类要素不断优化，才能构建起体现中国风格、凸显时代风范、满足社会需要、服务学生成长的具有内在逻辑的新时代大学生综合能力培养教育体系。

本书以习近平总书记关于青年工作及高校思想政治工作的系列讲话为指导，运用马克思主义原理和高校思想政治教育的基本理论知识，落实立德树人根本任务，紧密结合新时代大学生综合能力培养教育的实践发展，创新性地探索新时代大学生综合能力培养教育体系，以不断提高高校思想政治教育工作的针对性和实效性。

本书作者长期工作在大学生思想政治教育第一线，对高校思想政治教育理论研究和实践探索有较为丰富的经验。本书由沈阳建筑大学刘阳和寇福生撰写。参与本书写作的还有沈阳建筑大学宋琳奇、曹岩龙、黄子彧、刘晓淇、凡聪聪、张雨情、何旷怡等教师和研究生。本书在编写过程中得到了东北财经大学出版社的大力支持，在此表示衷心感谢。限于作者的水平，书中难免有不妥之处，恳请同行、专家、学者和读者批评指正。

作　者

2024年9月

目　　录

第一章 以激发学生学习兴趣为核心的学风教育

第一节 高校学风建设概述

一、大学生学风建设的内涵

大学生学风指为实现学习目的，大学生在学习、治学和科研过程中形成的风气和氛围，主要包括学习风气、治学风气和学术风气。

大学生学风的内核是蕴藏于大学生学习过程中的价值观念和价值追求的总和，外显出来表现为大学生个体和群体的精神风貌、行为规范和环境氛围。

结合相关定义和学习的本质，可将大学生学风的本质归结为学习氛围、学术文化、学习价值三个层次。

通过对学风定义的梳理我们发现，大部分学者都认同学风是学校在办学、治学、求学过程中凝结而成的精神风貌和群体氛围。

大学生学风则是大学生群体在求学、治学和研学的过程中表现出的较稳定的群体性态度认知和心理倾向。

学风有个体学风和群体学风之分，每个大学生都有自己个性化的学习习惯、学习方式和学习表现，但只有相近的学习理念、学习态度、学习道德和学习纪律汇聚为某一群体范围内的整体趋势和主流态势，如宿舍学风、班级学风、专业学风、学院学风、学校学风，才能作为一种融合个体意志的群体态度，对个体学习思想和行为产生作用。因此，一定学习氛围的形成，是学风存在和发挥作用的前提。

学术文化是学术研究者在学术发展历程中形成的、达成普遍共识的内在的价值观念、精神风貌、道德准则和外在的制度规范、行为习惯、硬件设施的综合体现。

科学研究是高等教育的基本职能之一，学术文化也就成为大学生学习的必然属性。

大学生学风的学术文化本质，通过学风的文化性、学术性、精神性三层特性展现出来。大学生学风的价值引领本质，则通过大学生的学习价值观体现出来。

价值是主体在实践活动中建立起来的，以主体的尺度为尺度的一种客观的主客体关系，是客体的存在及其性质是否与主体的本性、目的和需要相一致、相适应、相接近的关系，也就是价值客体与价值主体的本性、目的和需要的适合、接近或完全一致的实现程度。

人们头脑中关于价值追求的观念形成价值观念。

从微观角度看，价值观念是人内心深处的信念系统和评价系统，在人们的价值活动中发挥着导向、激励和评判作用，是人生观的核心内容，主导着其他观念的发展方向。

从宏观角度看，价值观念是社会观念的核心内容和灵魂，代表着社会的主导提倡方向和规范方向。

学习价值观是指一定社会历史条件下，主体对学习与自身发展需要和利益关系所形成的稳定的观点、看法和态度，也就是对学习的目的或结果对学习者自身需要和利益的满足程度的观点、看法和态度，是人的价值观在学习方面的具体反映。

大学生学风教育是在大学生中开展的培养优良学风的思想政治教育活动，是遵循思想政治教育规律与大学生成长成才规律，有目的、有计划、有步骤地教育、影响和引导大学生树立良好学风，形成一定社会和高校所要求的积极学习状态、精神风貌和群体氛围的教育活动。

大学生学风教育以培育优良学风为目的，力图对大学生个体与群体的思想和行为产生引导，是思想政治教育在大学生学习过程中发挥作用的体现。

大学生学风教育的本质与大学生学风的本质息息相关。

按照大学生学风“学习的氛围”“学术的文化”“学习的价值”的三维本质，可从学习行为的规范、学习氛围的营造、学术文化的传承、学习价值的引领这4个维度概括大学生学风教育的本质。

学习行为的规范是大学生学风教育的首层本质。大学生学风教育，首先瞄准和规范的就是大学生的学习行为，这是学风中最浅显直白、最易于调控的部分。行为主义学习理论者认为，所有的学习都可以通过条件反射予以解释，学习通过一系列刺激和反应，建立联系的积累，复杂心理现象则是多个条件反射的集合。从这个角度来看，对大学生学习行为作出明确规定的相关规章制度，是一种条件刺激。符合规章制度的学习行为受到奖赏，违反规章制度的学习行为受到惩罚，从而用规章制度替代了大学生自身原有的学习意识和观念，引起大学生的学习行为。大学生在执行学习的规章制度过程中，如果受到奖赏、取得进步会使大学生的学习受到正强化，而受到惩罚、学习退步则会使大学生的学习受到负激励。

大学生的学习行为必然发生在一定社会环境之中，营造良好的学习氛围，是大学生学风教育的本质要求。大学生学风教育对学习氛围的营造，主要集中在学生之间的学习氛围营造、师生之间的学习氛围营造以及整个社会的学习氛围营造三个方面。

学术文化是大学长期历史积淀的产物，其核心在于对知识的追求、对科学的尊重和对真理的尊崇。学术文化具有时代性和发展性，需要不断予以传承和创新。大学生学风教育通过对学术文化学术性、思想性和精神性因素的传递和启发，发挥着学术文化传承的本质功能。

大学生学风的本质，从微观上反映大学生个体的学习价值，从宏观上反映大学生群体的学习价值。那么，大学生学风教育的本质，也就在于引领大学生学习的个体价值和学习的社会价值。

大学生学风教育是大学生思想政治教育在大学生学习活动中的体现，因此，大学生思想政治教育的共同特征，如政治性、思想性、主体性等概念特征，必然也是大学生学风教育的特征。

大学生学风教育是对社会主导学习理念、学习态度、学习道德和学习纪律的教育引导活动，必然体现一定的政治观念、思想认识和道德品质。

思想政治教育活动是教育者对被教育者的政治观念、思想认识和道德品质等观念和行为开展的教育引导活动，必须发挥双方的主体性和能动性，才能真正“用一个人的思想影响另一个人的思想”，让受教育者接受教育者的思想。

二、学风建设问题的重要影响因素

大学生学风教育是一个涉及学生、学校、家庭、社会等多因素的系统工程。下文将分别从这几个层面进行分析：

1.学生层面

从学生层面看，当前大学生学风建设中遇到的一些问题，其原因在于部分大学生自身思想存在以下问题：

第一，价值观念偏差。学习价值观是大学生世界观、人生观和价值观在学习活动中的反映，是大学生学习思想和行为的内在总开关。受社会不良风气的影响，部分大学生奋斗精神受到腐蚀，信奉依赖、享受型人生哲学，片面追求物质享乐，在学习中不想吃苦、不愿攻坚克难。部分大学生诚信观念薄弱，学习观念落后，学习停留在物质利益驱动、应试教育导向、消极被动应付的低级阶段。这些问题会从根本上影响大学生的学习能力和学习效果。

第二，主体意识欠缺。当前大学生已基本转变了“为家长学习”“为老师学习”的被动学习观，但在学习实践中，部分大学生因为自律能力较差而陷入学习被动、惰性强的尴尬境地。

第三，心理素质不强。部分大学生因强烈的拖延症和惰性心理，学习任务的完成敷衍了事，学习投入度低，导致学习效果差。

2.学校层面

从学校层面看，影响大学生学风教育效果的，有教育力量缺乏整合、价值教育功能乏力、长效机制建设不足、教育方法呆板陈旧等原因。

此外，还可以从高等教育发展、教学管理与改革等方面探寻其根源：

第一，高校扩招。随着我国高等教育大众化的快步推进，大部分高校实行扩招政策，导致部分生源质量下降，教学资源供求矛盾日趋紧张。

第二，教改缓慢。教学改革作为高等教育自我完善的重要方式，在部分高校的实践中推行缓慢。

第三，教风浮躁。由于部分高校存在“重科研轻教学”的考核思路，因此个别教师上课只为课时量，对教学质量的重视度不够。

第四，考风不严。部分高校的考试纪律不严格，导致学生学习动力和学习压力不足。

第五，教管松懈。由于近年来大学生的心理问题高发、维权意识增强和就业压力加大，部分高校教学管理制度出现了执行不严的问题。

第六，观念陈旧。部分教育工作者没有真正确立“以人为本”“以生为本”的教育理念，依然按照“以教材为本”“知识灌输”的老思路，对学生的需求和学习情感关注较少。

3.家庭层面

从家庭层面来看，多数大学生父母对子女的学习状况较为关心，也时常叮嘱。但多数大学生并不过多向父母报告学业状况，基本阻断了父母对大学生学业状况的了解渠道。

从大学生的成长环境分析，以下家庭因素干扰了大学生优良学风的形成：

第一，家庭生活安逸，弱化了大学生的奋斗精神。当代大学生成长环境优越，大部分家庭对子女物质需求有求必应，导致部分大学生安于现状、不思进取，学习的进取之风、开拓之风和创新之风缺乏内在精神动力，难以确立起来。

第二，家长监督放松，弱化了大学生的外在约束。进入大学后，父母一般较少过问大学生的学业状况。部分家长由于自身文化程度不高，对专业知识了解匮乏，无力过问学生的学习状况。家校联系的极度缺乏，也进一步导致家长对学生学习和学风的监督弱化。

第三，家庭学习氛围不浓。当前很多大学生家庭的学习氛围都不够浓厚。

第四，家长分数导向忽视素质教育。部分家长对大学生专业知识和大学学习生活不了解，只能关注其考试排名、评优获奖和考研考博等数值化、功利性的内容，难以深入大学生内心，了解大学生的学习兴趣、学习理想、学习压力等精神层面的问题。

4.社会层面

从社会层面来看，高等教育的社会服务功能，拉近了高校与社会的距离。

大学生既身处高校校园，也置身社会大环境之中。当前大学生学风教育存在的一些问题，主要受到以下社会因素的影响：

一是基础教育培养的偏差。基础教育以高考为学习目标，给学生营造了大学轻松自在的假象，导致学生进入大学生活后失去学习目标，得过且过。

二是互联网的不良影响。互联网以及与之相对应的移动多媒体的兴盛，既方便大学生查阅资料、网络自学，又具有诸多弊端和难以抗拒的诱惑，给大学生学风教育带来诸多干扰和困难。

三是不良社会风气的侵扰。各种不良社会风气对大学生学风产生了一些不良影响。

三、学风建设实施路径研究

大学生学风建设，可以从教育主体互动、多种教育主体力量整合、多元教育载体整合和不同教育领域整合等方面进行。

1.教师教育、自我教育和互动教育相结合

教师和学生是大学生优良学风生成的主体。

教师和学生在高等教育过程中所处的地位和发挥的作用不同，在大学生学风教育过程中，其角色和作用方式也有所不同。

（1）教师主导优良学风生成

主导有“主持”“引导”之意，指在大学生学风教育过程中，教师发挥对学生专业知识学习的指导作用，以及对学生思想品德和价值观念的引导作用，最终推动学生成长成才、实现全面发展。

教师要通过高质量教学、学术氛围营造和师生交流等多种教育教学活动，引导和构建大学生对学习和学风的认知状态、价值观念和道德评价，启发学生深入反思学风中存在的价值偏差、道德立场模糊等思想认识问题，做大学生学风正确思想认识的引导者和建构者。

（2）学生主动建构优良学风

这是学生主体性在学习活动中的发挥。

学习过程不是由教师简单地将知识传授给学生，而是由学生根据已有知识结构和经验体验，主动建构知识的意义。

学习者的主体性是一切学习的核心，没有了主体的自我建构，学习就无法发生。

大学生优良学风的生成，是大学生主体意识、主体能力和主体人格，在学习认知和实践活动中共同作用的结果。大学生自觉增强主体意识，有助于从被动学习、强制学习、消极学习的不良状态向自主学习、自律学习、快乐学习的良好状态转变，从而提高学习的积极性、主动性。

（3）师生教学相长共促学风

教学相长的教育互动，充分体现了教师主导性和学生主体性在学习活动中的融合。

师生互动、教学相长的学风教育形式，既发挥了教师在优良学风建构中的主导性优势，又促使学生在学习中主动建立和不断吸纳正确的认知状态、价值观念、道德评价和行为要求，是纠正大学生不良学风的重要途径。

2.教书育人、管理育人和服务育人相结合

大学生学风教育的力量整合，从高校内部力量主体看，是指协调教书育人、管理育人和服务育人的关系，发动和组织学校全体教师、管理干部和服务人员自觉结合自身的业务工作，有目的、有计划地对大学生的学风状况进行思想教育和行为指导，最终塑造优良学风。

从大学生学风教育角度看，教书育人是指高校教师在传授专业知识和技能的同时，积极自觉地培养大学生正确的学习态度、激发大学生的学习兴趣，注重塑造大学生的学习道德和学术规范，并启发其树立正确的学习价值观念和学习理想，最终提升大学生学习的思想认识和行为表现。

在教育教学过程中，不同身份的教师，要结合教学过程和自身职责，发挥不同的作用，开展大学生学风教育活动。导师、专任教师、两课教师、辅导员和班主任以及心理咨询教师应彼此沟通，多方配合，共同发挥知识传授与学风培养的功能。不同主体的教育力量实现相互沟通、力量协同，才能真正在大学生学风教育中发挥合力，实现力量整合、协同和优化。

从大学生学风教育角度看，管理育人是指学校在行政管理、教学管理和日常生活管理中，既通过制度约束大学生的学习行为，又启发和引领大学生确立正确的学习思想和学习价值观念，达到学习行为管理和学习道德教育合二为一。

在行政管理中，高校可以通过进行党的路线、方针、政策的教育和高等教育理念的教育，帮助大学生理解教育政策，将个人学习与祖国需求结合起来。

高校还可以通过校纪校规教育，严肃大学生的课堂纪律、考试纪律和学术规范，培养大学生遵纪守法的观念。

在教学管理中，高校在学籍管理、日常考勤、考试考查、成绩评定、综合测评、实验实训、毕业实习和学位评定等管理过程中，应着重对学生进行专业思想、学习目的和学习态度的教育。

在日常生活管理中，高校要营造热爱学习、你追我赶的宿舍氛围、班级氛围和学校氛围。思想政治教育工作者要着力解决大学生生活中的现实困难，如经济压力、室友矛盾、情感失败、自律欠缺等问题，扫清大学生全力投入学习的生活障碍。

从大学生学风教育角度看，服务育人是指学校通过良好的服务，为大学生学习提供良好的物质保障、情感关怀和专业实践机会，从而保障大学生良好的学习状态。

学校食堂、浴池等后勤管理部门良好的服务质量和节假日不休的连续服务，为大学生安心学习提供了生活保障。

宿舍管理人员对学生的贴心关怀和学习鼓励，是大学生增进与社会人群感情的良好契机，也是大学生确立为人民服务的学习目标和学习价值观的催化剂。

学校组织留校学生吃年夜饭、组织少数民族学生过民族节日，赋予了大学生深厚的情感关怀，使其能充满正能量投入学习。

高校的服务部门还可以结合大学生的专业特长，组织学生开展“勤工俭学”“志愿服务”“公益劳动”等活动，这样既能够锻炼大学生的专业技能和动手能力，为大学生专业知识的运用提供契机，还能够让大学生在实践中感受到专业知识的力量和助人为乐的成就，从而确立正确的学习价值观。

3.文化育人、制度育人和实践育人相结合

大学生学风教育需要整合多种教育载体共同实施，校园文化、管理制度和实践活动是常见载体，都对大学生学风教育具有重要的促进作用。

（1）运用校园文化培育大学生学风

文化的核心是价值观，校园文化是学校特有的精神风貌和文化环境的外在体现，内隐地涵盖了大学的整体思想观点和价值追求。大学生学风是校园文化的关键组成部分之一，其深层次本质是学生的价值观念。因此，校园文化和大学生学风具有一定的同质性。

大学生学风可以通过校园文化予以培育和构建。校园文化中的主导价值观念，渗透于校风、学风、校园活动和校园环境之中，对学生学习过程中的价值观念、思想态度、行为方式产生潜移默化的影响，对大学生学风起着培育作用。

（2）运用管理制度引导大学生学风

管理制度体现了社会和高校的主导价值观念，对大学生的学习思想和行为起着指引、约束和激励等多重作用，思想政治教育工作者要善于运用管理制度的指挥棒，营造大学生积极向上的学习氛围。

一是要严格日常管理制度。从入学开始，高校要组织大学生学习《学生手册》，重点了解学分制、评优评先、考试纪律、违纪处分等与学生学业密切相关的管理制度，让学生了解制度的导向性和约束性。

高校要采用奖优罚劣的制度导向，发挥对学生不同行为的指挥棒功效。可以通过评优评先制度，运用物质激励与精神激励双重形式，激励大学生在专业学习上奋勇争先、精益求精。

二是要强化教学督导制度的功能，用制度牵引教师提升教学质量，创新教学形式。要激励教师不断提升教学质量，改革教学方法，增强课堂授课的吸引力。

三是要加快设立学术规范的管理机构，出台本校的学术规范管理制度。学术规范管理制度建设，是培育大学生优良学术风气的重要措施。

（3）运用实践活动强化大学生学风教育

一是要将实践活动纳入教学过程。高校领导和教师要转变观念，认识到实践环节是高等教育的重要组成部分，对于深化学生的理论知识、动手能力和综合素质具有不可替代的作用。

二是要加强实践活动的内涵建设，高校要创新实践活动的内容和形式，积极开展科技发明、创业孵化、订单培养、虚拟社会实践等新型的实践活动。

三是要完善实践活动的考核评价，要将社会实践、创新创业、发表论文和发明专利的情况，折算为学分，计入学生学业成绩和综合测评成绩。

4.家庭教育、社会教育和学校教育相结合

根据大学生学风的影响因素分析可知，大学生学风是家庭、社会和学校多项因素共同作用的结果。因此，大学生学风教育的实施，必须在家庭教育、社会教育和学校教育三个领域共同开展。

（1）通过家庭教育巩固学风效果

家庭教育作为学校教育的重要补充，在大学生学风建设中发挥重要作用。家长要从多角度转变教育观念，引导大学生的正确学习行为。家庭教育主要在于确立素质教育观念，营造家庭学习氛围，强化外在监督，培养学生的奋斗精神，改变导致大学生不良学风的家庭因素。

（2）通过社会教育净化学习环境

社会是大学生学习的外在环境。

社会教育要引导价值观念，引导大学生确立崇高的学习理想，激发大学生的时代责任感和民族使命感，培养大学生正确的学习价值观；要认可知识功用，使大学生发现学习努力程度与今后社会待遇的正相关关系，乐于认真学习、学好专业知识、增强就业竞争力；要建设学习型社会，营造全社会的良好学习氛围，从而带动大学生学习观念的转变和学习投入的增加。

（3）学校教育在大学生学风教育中发挥主导作用

思想政治教育工作者要善于在学校教育中整合家庭教育与社会教育的优势，实现教育合力的最大化；要强化家校沟通，构建家校沟通制度，沟通学生在校状况；要强化学术监督机制，建立广泛的学术诚信社会监督体系，增加社会监督环节，改进大学生学术诚信状况。

第二节　大学生学习能力

一、大学生学习能力的内涵

大学生的学习活动作为一种社会活动，其目的在于让大学生掌握专业知识、提高生活实践能力、提高精神层次，使大学生快速成才，最终成为高级知识型人才或者技能型人才。

与小初高阶段的学习不同，大学生的学习存在较高的自由度。学习过程虽然也是按照学校安排的教育进度进行的，但是不像小初高阶段那样由教师布置任务后被动地完成。

大学的学习更多在于自主安排学习时间、学习内容、学习地点，有相当大的自主性。

对于大学生的课堂来说，由于大学生学习的知识相对较多，难度较大，教师在课堂上讲授的内容就要做到精益求精，但是这就会存在讲授不到的地方，此时就需要大学生通过课外自学来补充课堂没有讲授到的知识，想提高知识储备就更需要通过课外自学来进行。

除此之外，大学生的时间安排不再像之前的完全被动，相反，大学生的时间更多需要自行安排，这种时间管理模式也需要大学生有较强的自我管理能力和时间管理能力，合理安排自己的学习时间。

在全球经济飞速发展的大背景下，人类已经进入到知识经济时代。发展知识经济和建立创新体系对我国的发展具有重大意义。因此，高等教育必须重视培养大学生的实践能力和创新能力。

下文将从“大学生学习能力的定义”和“大学生学习能力的功能”两个方面阐述大学生学习能力的内涵。

在了解学习能力的定义之前，我们有必要先了解能力的定义。

什么是能力？不同的心理学家对于“能力”的理解有所不同，一般认为，能力是指人们顺利完成某种活动所必备的并且直接影响活动效率的稳定的个性心理特征。

能力包括完成某项活动或任务的具体方式方法，以及完成这项活动或任务的具体心理特征和心理动态。

关于学习能力的定义，目前在学术界还没有达成共识，通过综合分析各个学派和各个专业方向的理解与认知，我们认为，可以把学习能力理解为一种个人的内在素质，具体来说就是个体所具有的能够引起行为或思维方面比较持久变化的内在素质，而这种素质的特点在于必须通过自主的学习理解和实际的实践体悟来提高这种素质。

这里我们针对高校中的大学生来进行分析和研究。

对于大学生来说，“学习能力”既包括关注力、记忆力、观察力、想象力、思维力、联想力等一般的、浅层次的能力，又包括动手能力、自学能力、解决问题的能力等特殊的、深层次的能力。

从纵向来看，这些能力都是可以由浅层次到深层次逐步递进的，能力的难度等级也在级级提高。

从横向来看，这些能力的存在不是相互独立的，每一种能力与其他能力之间都存在着一定的联系与交叉，它们还能够互相影响、互相渗透。

大学生作为高级知识的学习者，应该培养的能力也应该是深层次的。鉴于大学生的社会地位、社会身份以及大学生所面对的发展体系和所肩负的时代使命、责任，对于大学生的学习能力的要求与培养标准也应该更高，特别是对创新创业意识、自我管理能力、思想境界提高等这些深层次能力的培养，更应该采取更高的标准。

综上所述，通过分析可知，大学生的学习能力在于针对某一个学习的目标，制订长期或者短期的学习计划，接下来在实现目标的过程中，运用已有的能力来获取更多的信息，在学习实践的过程中不断深化能力的使用和能力的培养，进而实现个人学习能力的全面提升，最终深化和完善对世界的认识。

大学生的学习能力对于大学生世界观的建立、新知识的掌握、知识的创新都有着非同一般的影响和意义，能够使大学生做到学以致用，学为所用，从而影响社会的发展和进步。

大学生作为未来社会建设的主力军，其能力的提高具有重要的意义。而大学生学习能力是大学生培养过程中最核心、最基本、最重要的一部分，也是大学生实践能力和创新能力培养的基础与保障，所以对于大学生学习能力的培养是非常重要的。

从大学生学习能力的内容来看，大学生学习能力的培养方向是理论知识学习、社会实践和创造创新。从大学生的学习能力、实践能力、创新能力的纵向关系出发，学习能力作为根本能力、核心能力，对实践能力和创新能力的提高和进步有着督促和推进作用。大学生的学习能力既是实践能力发展的基石，又是创新能力开拓式发展的保障。

从横向关系来看，大学生的学习能力与实践能力、创新能力之间存在相辅相成和互相制约的关系，学习能力是实践能力和创新能力的基石与保障，同时在实践能力和创新能力的培养过程中可以实现学习能力的提升。

学习能力是实践能力发展的基石。实践能力的提高与学习能力的培养有着相辅相成的关系，实践能力的培养总是在学习能力培养的基础上进行的。

在实践教学过程中，怎样把书本上的理论知识融合到实践活动中进行教学？怎样使实践能力和理论自然而然地结合起来？怎样使学习能力与实践能力实现最大化的结合培养？这些问题的解决首先离不开大学生的注意力、观察力、想象力、思维力和联想力等浅层次能力的配合。其次，离不开大学生的研究能力、动手能力和解决问题能力等深层次能力的进一步协助。由此可见，如果仅仅利用课堂上学到的理论知识就想提高实践能力，或者只是依靠理论知识去解决所有的实际问题，这肯定是难以实现的。

我们要做到的是在实现学习理论知识的过程中培养学习能力，做到融会贯通。正所谓“授之以鱼，不如授之以渔”。只有大学生的学习能力得到了培养，并达到一定的深度和水平，才可以进一步地推进实践能力的培养，使实践能力的培养得到落实。在我们借助学习能力推动实践能力培养的同时，也需要通过实践活动来使学习过程中的一些知识得到检验，在实践能力培养的过程中，使学习能力的自主性和创造性能够得到充分地发挥，也就是给大学生的学习能力培养找到了一个“演习”的实践场所，体会到学以致用的真正含义。

学习能力是创新能力发展的保障。创新能力培养的前提是需要大学生接受创新思维、创新意识等方面的基本训练，需要大学生加强实践方面的培养，需要大学生做到学以致用，需要专业的实践教师对其进行指导教学，使其实践的效果最大化，这些都是创新能力培养的核心所在。在这一过程中，我们首先要让大学生意识到主动权，即在实践过程中要让大学生感受到自己是实践的主体，要让大学生尽可能地自主完成实践的内容和环节。这些活动的实现同样离不开大学生的注意力、观察力、想象力、思维力和联想力等浅层次能力的配合，更离不开大学生的自主学习能力、综合分析问题能力、实际操作能力等深层次能力的协助。

与此同时，主动实践的意识和实践的过程可作为学习能力培养的有效途径。主动实践与被动实践的最大差别是：主动实践的根本在于大学生，实践的根源在于问题的提出。而这些问题需要大学生通过自行观察来发现，这在一开始就确立了以大学生作为实践的主体，让大学生在不知不觉中感受到实践的主观意识。接下来，大学生在提出问题的基础上解决问题，最终通过这些问题找到最本质的东西，并且加入自己的理解和体会，在此基础上才能实现创新。所以，这一切的前提就是需要大学生能够细心观察和钻研某个领域或某个专业，在已有的现状中分析出其存在的问题。例如，某工程领域中目前最本质的需求是什么？最需要优化和解决的问题是什么？某社会领域中最大的矛盾是什么？某些社会现象的本质是什么？这些问题都不是空想出来的，而是通过对已有的现状进行仔细观察和分析得到的。这种主动实践的意识可以成为一种主流的培养方式，大学生的观察力、洞察力、质疑力和想象力等学习能力就是在实践中得到了提高。这种能力的提高不是一蹴而就的，而是在潜移默化中逐渐累积的，最后达到“质变”。

二、学习能力的影响因素

1.学习活动是学习能力形成和发展的主要途径

学习活动是智力因素和非智力因素相互协调运作的过程，智力因素和非智力因素共同制约着大学生掌握知识技能的速度和质量，制约着大学生学习能力的形成和发展水平。智力因素主要是由感知、记忆、思维、想象等因素构成的，它直接参与对客观事物认识的具体操作。非智力因素又称非认知因素，它是指不直接参与认识过程的心理因素，如动机、兴趣、情感、意志、性格等。非智力因素在学习能力发展中起着相当重要的作用，可以说忽视了非智力因素的培养，就不可能有效地形成和发展学习能力。所以，智力因素与非智力因素是制约学习能力形成和发展的心理基础。

知识技能的学习是一个非常复杂的过程，要提高学习的成效，不仅需要观察、记忆、思维、想象、表达等智力因素的积极参与，还需要动机、兴趣、情感、意志、性格、习惯等非智力因素的积极参与。这两个方面的因素对获得学习的成功来说，都是必不可少的。因此，在各学科的教学中，努力激发和培养大学生的学习动机、兴趣、情感、意志、性格和习惯等非智力因素，对有效培养和提高大学生的学习能力是非常重要的。非智力因素是认知过程中的内部动力系统，对认知过程起着发动、维持和调节的重要作用。相对来说，思想政治教育工作者应侧重于大学生非智力因素方面的工作。

2.学习动机是学习能力形成和发展的内部动力

目前，心理学家将有机体的行为起因归结为它所具有的某种动机。动机是因某种需要所引起的有意识的行为倾向，是激励或推动人们行动来达到一定目的的内在动因。学习动机是对大学生的学习起推动作用的心理因素，是直接推动大学生进行学习活动的内部动力，是大学生对学习的一种心理需要。对大学生来说，学习动机决定其学习方向和学习过程，影响其学习效率，是推动、指导、支配学习行为的内部力量，是形成学习行为的内部准备状态的重要组成部分。在学习活动中，学习动机就像“催化剂”一样影响学习效率的提高。

3.学习兴趣是学习能力形成和发展的自觉动力

兴趣是一种特殊的意识倾向，是动机产生的重要的主观原因，是对所从事的活动持创造性态度的主要条件。兴趣具有追求探索的倾向，良好的学习兴趣是学习活动的自觉动力。任何一种兴趣都是为获得某方面的知识或参与某种活动使自己体验到情感上的满足，而不仅仅是对事物表面的关注。兴趣是以需要为基础，是对客观事物需要的情绪色彩的一种表现。人们在从事感兴趣的活动时，总伴随着一种积极的、愉快的情绪体验；相反，在从事不感兴趣的活动时，总伴随着一种消极的、厌烦的情绪体验。

4.学习习惯是学习能力形成和发展的有效保障

俄国教育家乌申斯基在《人是教育的对象》一书中写道过："良好的习惯乃是人在其神经系统中所存放的道德资本，这个资本不断地在增殖，而人在其整个的一生中就享受它的利息。"由此可见，培养一个人良好的习惯，将会使其受益终身。习惯是后天形成的，是在一定情况下自动地进行某些活动的特殊倾向。它是构成一个人个性的重要内容，是一个人个性心理特征的主要标志。对大学生来说，应主要培养惜时守时的习惯、严谨认真的习惯和独立思考的习惯。

5.学习情感是学习能力形成和发展的深度源泉

情感是客观事物是否反映人的需要而产生的态度体验。现实生活中有些事物使人高兴、快乐，有些事物使人忧愁、悲伤，有些事情使人惊恐、厌恶。这些愉快、悲哀、愤怒、恐惧、忧愁等，都是情感的具体表现。情感又是人们对客观现实的一种特殊的反映形式。它所反映的不是客观事物本身，而是客观事物与人们之间的某种关系，即客观事物与人们之间的关系是情感产生的源泉。总之，良好的情感对提高学习能力和增强学习效率是至关重要的。这种良好的情感被称为学习情感，学习情感与学习动机、学习兴趣一样，都与需要有直接的关系。学习情感对大学生的成长具有特别重要的意义。

6.学习性格是学习能力形成和发展的核心因素

性格是非智力因素结构中的核心成分，它决定着个体活动的方向和性质。性格具有稳定性和可塑性的特征。性格是在遗传的基础上，由环境和教育因素共同决定的。性格是一个人最鲜明、最重要的区别于他人的个性心理特征，是指人对现实的稳固态度以及与之相适应的习惯化的行为方式。性格在人的个性中处于核心地位。良好的性格特征能够弥补某些能力的不足。个人的成就在很大程度上依赖于良好的性格品质，性格对学习的成功有重大的影响。

三、学习能力的培养路径

1.营造良好的学习能力培养的环境

加大对改善学习条件的投入。高校要提供培养大学生学习能力的基础设施，以便最大限度地在大学生中扩散知识、最大限度地造就能够进行有效学习的个体，这种扩散越广、越深，进行基本学习和高级学习的个体就越多，大学生的学习能力也就基础更广、更坚实。基础设施按程度可分为高等教育的教学设施和高等教育的研究设施。这些设施是培养大学生学习能力的最直接、最广泛的手段。教学设施包括图书馆、各种信息平台，以及建立在信息技术上的其他设施等。研究设施是高校发展中最至关重要的一部分，因为研究活动是大学生获取新知识的唯一方法。

重视学习能力培养的软环境建设。培养成就动机：在大学生获得了基本的学习能力之后，其学习努力程度决定了自身学习能力的强度。个人的成就动机不仅会对学习动机产生巨大的促进作用，还会随着对自身能力的肯定评价而提高。激活和保护成就动机：学习动机是学习能力培养的基础，如何培养和调动大学生的学习欲望，使其主动学习新的知识，就是高校要考虑的问题。因此，培养学习能力的另一要素是高校建立与完善奖励学习和惩罚惰性的制度。

2.加强适应学习能力培养的课程体系建设

课程教学（包括理论教学环节和实践教学环节）是目前比较切合我国实际情况的培养学习能力的主要教学形式。

（1）完善现行课程体系

一是建立在教育观念的转变之上。教育观念的转变和学习能力的培养目标不仅体现在办学的指导思想上、课程体系的设置上、课程内容的选择和编排上，还渗透在教师教学过程的各个环节上。

二是要引导大学生构建有弹性的学习计划。以培养大学生的基本素质，发展大学生的思维能力，引导大学生学会学习、学会思索，并运用所学的知识发现和解决实际问题为目标，围绕该目标进行教学计划安排。

三是明确改革课程的内容。在课程内容的选择和组织上，高校要尽量避免过分追求学科知识体系的系统化和完整性，改变把知识传授作为课程教学重点的做法。教学内容的选择标准在于对大学生科学思维的建立和培养上，要让大学生掌握学科的理论框架和逻辑框架。

四是实现课程向综合化方向发展。课程的综合化发展不仅可以扩大学生的视野，还可以改变其传统的思维模式，提高大学生的思维、想象等能力。

五是探索多样化的教学形式。改变传统的以学科知识体系为线索、以教师讲授为主的灌输式的单一教学形式，课程的组织可以以课堂讲授、专题研究与讨论、案例教学、课程设计等教学方式进行。

（2）重视隐性课程建设

“隐性课程”是与“显性课程”相对应的范畴。如果显性课程是学校教育中有计划、有组织地实施的“正式课程”或“官方课程”，那么隐性课程则是大学生在学习环境中所学的非预期或非计划的知识、价值观念、规范和态度。隐性课程主要通过大学生对态度与情感的体验来促进情感、态度、信念等非智力因素的发展，并在这一发展中通过情感结构的调整来达到非认知心理结构的改善。同时，隐性课程还可以通过这种体验，对思维力、想象力、观察力、领悟力等部分认知心理成分产生一定影响，使认知能力得到增强，从而达到对认知心理结构的部分改善。根据所依附载体的形态的不同，隐性课程可分为：物质-空间类（如学校建筑、教室布置等）、组织-制度类（如学校组织方式、课表、教育评价制度等）、文化-心理类（如文化环境、心理环境等）。

（3）切实加强实践教学环节

实践教学环节不仅是验证所学，还是对大学生学习能力、科研能力和实践能力的培养。高校要把实践与科研活动引入教学之中，鼓励大学生尽早参与实践与科学研究，鼓励大学生自主确立研究方向，带着问题思考和学习、查找资料、进行调查研究和科学实验，把获取知识与思维的丰富和实践能力的提高统一起来。这对大学生的科研能力、实际操作能力和团结合作精神等方面的培养都有很大的促进作用。通常情况下，我们所能运用的实践教学手段主要有实验与课程设计、社会实践活动和产学研模式等。

3.提高适应学习能力培养的教师素质

（1）提高教师的能力

高校教师要想在教育教学活动中培养大学生的学习能力，不仅要了解大学生赖以生存的家庭、社会环境，还要掌握在新环境中进行教育教学的规律。而这些新学问、新技能，没有现成的教科书可以提供答案，只能依靠教师本人在实践中进行探索和创造。这就要求教师有相应的学习能力和研究能力、实践能力和创造能力。只有对教师的能力结构作出相应的调整，才能适应时代发展和教育变革的需要。

（2）激发大学生的学习兴趣

古希腊教育家柏拉图说过："强迫学习的东西是不会保存在心里的。"现代心理学之父皮亚杰也认为，人的所有智力方面的工作都要依赖于兴趣。一个大学生只有对学习产生了浓厚的兴趣，才能激发巨大的学习热情，积极主动地参与学习，促使自己更好地组织学习活动，获取较牢固的知识。这就是作为非智力因素的兴趣对大学生学习能力的形成所起的引导作用。

（3）科学地传授有发展价值的知识

学习能力的形成和发展离不开知识的掌握，但并非所有知识都有助于学习能力的发展。现代教育学认为，有助于学习能力形成和发展的知识有两个方面的因素，即知识的多少和知识的内容。在知识的多少上，丰富而又系统的知识，有助于学习能力的发展。在知识的内容上，具有相对稳定性的基本概念、原理和法则等基础知识，有助于学习能力的发展。大学生只有扎实地掌握这两个方面的知识，才能为学习能力的形成和发展奠定坚实的基础。为此，教师要在分析和把握教材的知识价值的基础上，深入挖掘其能力价值，即知识本身所蕴含的对学习能力的发展有促进作用的因素。同时，还要科学地传授这些具有发展价值的知识，而要科学地传授这些知识，最根本的是要摒弃"教师满堂灌、学生被动听"的注入式教学，实行启发式教学。

（4）培养大学生学会学习

科学家笛卡尔说过："没有正确的方法，即使是有眼睛的博学者也会像视障人士一样盲目摸索。"有关方法的知识是最有价值的知识。大学生掌握丰富系统的基础知识，是形成学习能力的基础。但是，如果大学生没有良好的学习方法，则会阻碍学习能力的发展。教师要指导大学生组织学习活动，指导大学生掌握常规性的学习方法，向大学生传授科学的学习方法。

第三节　“学习优秀”大学生

一、“学习优秀”大学生综合分析

1.“学习优秀”大学生的成长背景分析

个体成长背景水平高的大学生拥有更多接触外界的机会，接受更高质量的教育，与生俱来拥有更高阶层的人脉关系；而个体成长背景水平低的大学生，眼光相对比较局限，受制于一些束缚人发展的传统思想和较重的家庭经济负担。

在校大学生的家庭经济状况各不相同，这种先赋性的资源占有优势无关乎个人，只在于家庭本身的背景优势，但对个体来说意味着生活质量和消费水平的两极分化。因此，对来自不同成长背景的大学生个体来说，教育工作者应该根据大学生个体的不同情况进行分析，做到“因材施教”，做到像苏霍姆林斯基说的培养真正的大写的人，这样才能促进大学生在价值观念上真正的良性发展。

2.“学习优秀”大学生的学习目标分析

现实生活中，每个人的思想都很丰富，但是能够持之以恒地坚持做一件事情的人并不多。其实很多时候，人们都不能集中注意力，往往在注意力分散而不能有效率完成工作，甚至发生错误时，我们才会意识到问题的存在。事实反复证明，每次只专注于一个目标比专注几个目标更容易成功。尤其在这个竞争激烈的社会，这种专注精神弥足珍贵。研究“学习优秀”大学生这个群体的成长经历，会发现他们之所以取得优异的成绩，与自身确立的清晰目标和长期的专注密不可分。清晰的目标就像“定盘针”，使得他们在面对外界的诱惑时“稳如钟”，而“打破砂锅”、专注追求的精神，又使得他们有力地抓住了一次次的发展机遇。

3.“学习优秀”大学生的学习动力分析

学习动力是激发和维持个体开展学习活动并奔向一定目标的内部心理状态。它具有较强的内隐性，是推动大学生学习的内在动力，是大学生学习的直接原因和内部动力，它能使大学生克服学习过程中的各种困难，促进大学生自觉地学习。

大学生的学习动力可分为四类：第一类是职业发展需要，包括解决就业压力、提高竞争力、提升自身素质；第二类是社会竞争需要，包括提高学历层次，或者在获取知识技能后，可以参加社会公务员及事业单位的招考；第三类是家庭期望需要，包括提高工资待遇、改变社会地位；第四类是求知需要，这类学习动机很单纯，大学生对所学专业感兴趣，用不断获取知识的方式来充实自己。

基于职业发展需要和社会竞争需要的大学生相对较多，表明大学生考虑问题非常实际，他们有着明确的学习动机，在学习过程中能够主动地解决遇到的各种困难，让学习得以持续。基于家庭期望需要的优秀大学生也占有一定比重，这类大学生是对家庭和生活充满责任感的，他们想通过自己的努力让家人过上更好的生活，他们有着学习的韧劲，不轻易放弃学习。同时，对基于求知需要的大学生来说，他们不以谋生为目的，看中的是个人能力的充分发展，他们的学习信念比较坚定。

4.“学习优秀”大学生的学习方法分析

“学习优秀”大学生的学习方法主要有以下五个方面：

一是重视学习计划的制订和实施。一份可行的学习计划或合理的时间管理计划对大学生的学习起着至关重要的作用。优秀大学生从入学伊始，就能根据教学计划制订出一套行之有效的学习计划，并能持之以恒地根据学习计划进行学习，即使遇到特殊情况，也能及时调整学习计划进行学习。

二是重视面授辅导。优秀大学生认为面授辅导能充分实现与老师、同学的实时互动交流，能面对面地传授知识、答疑解惑，能解决其他学习途径无法解决的问题。优秀大学生对面授辅导的重视程度很高。

三是重视网上学习。经过调查发现，优秀大学生的网上学习时间比普通大学生要多出很多。在学习中遇到问题时，优秀大学生会主动通过网络资源寻求解答。

四是重视与老师和同学的交流。优秀大学生中存在学习孤独感的基本没有，他们中的大部分人能积极参加学校组织的各类社会实践活动，有不少人还担任班干部，经常与班主任、同学交流，博采众长，汲取营养，充实自己。他们积极参加学校组织的各类社会实践活动，从不参加活动的优秀大学生几乎没有。

五是重视学以致用。积极将所学的专业知识投入实际运用中，积极参加各类学科竞赛、创新创业比赛等，积极研究发明专利，发表学术论文。

二、“学习优秀”大学生的共性因素对高校学风建设的启示

1.加强理想信念教育，注入学生终生可持续发展精神之“钙”

理想信念是人的精神内核，是实现目标和价值的不竭精神动力。理想指引人生方向，信念决定事业成败。习近平总书记强调，广大青年一定要坚定理想信念。“功崇惟志，业广惟勤。”没有理想信念，就会导致精神上缺“钙”。这一重要论断充分揭示了理想信念对青年学生成长成才的重要性。高校要始终牢记和坚守“立德树人”根本任务，立足中华民族未来发展的“高度”和中国特色社会主义事业发展的“进度”，不断创造性地提升当代大学生追求理想的高度和坚定信念的程度，引领青年学生把“党的方向”作为“人生方向”，把“党的旗帜”作为“奋斗旗帜”和“青春底色”。具体而言，要坚持以塑造青年价值观为重要抓手，抓紧、抓好、抓实青年学生价值观形成和确立的关键期，将社会主义核心价值观贯穿于青年学生日常学习、生活全过程，将其落实、落小、落细，使它像空气一样无处不在，潜移默化地浸润学生知识增长、精神成长过程，激励学生争做社会主义核心价值观的坚定信仰者、积极传播者和模范践行者。从一开始就要引导帮助学生扣好人生第一粒“扣子”，为当代大学生终身可持续发展注入精神之“钙”，确定新时代大学生健康成长、科学发展航向的“定盘星”，使其成长为堪当大任的一代新人。

2.提升资源供给品质，打造与学生成长需求相匹配的优质环境

当前和今后一个时期我国高等教育改革发展的核心任务，就是要形成高水平人才培养体系。从某种程度上来讲，高水平人才培养体系成熟度取决于高等教育供给

侧结构性改革质量和成效。培养德、智、体、美、劳全面发展的社会主义建设者和接班人是教育的根本任务，要坚定不移地把“人才培养的质量和效果”作为检验一切工作的根本标准。具体而言，深入推进“四个回归”，高校的办学目标和各类资源要主动聚焦到“培养人”这个中心、这个根本上来，高校的标准和政策要充分体现这个中心，促使高校教育资源供给结构优化。有效整合育人资源，集聚资源育人优势，坚持以学生为中心，围绕学生、服务学生、关照学生，尊重学生主体性地位。在精准研判、把握新时代大学生思想行为特点和成长规律的基础上，深度聚焦学生个性化成长、差异化发展需求。着力提升高校教育资源供给品质，形成育人资源“倍增效应”和“巨大红利”，真正把新时代高等教育综合改革和内涵建设、质量提升体现在每一个学生的成长成才质量上。打造形成与学生成长需求相匹配的优质环境，最大程度地解决高校人才培养供给不平衡、不充分与学生日益增长的多样化、个性化成长需求之间的矛盾，更好地促进新时代大学生高质量成长，源源不断地为党和国家事业培养堪当民族复兴重任的时代新人。

3.激活自主成长动力，在回归常识中强塑学生学习意义感

马克思主义唯物辩证法认为，内因是根本，对事物发展起决定性作用。对一个人而言，其之所以能够成长成才，很大程度上取决于个体后天的艰辛努力。中国大学生年度人物这一优秀群体成长的事实证明，大学生的成长成才绝不是轻轻松松就能实现的。经过高中那段“富有焦虑而又充满激情燃烧的难忘岁月”之后，是否还能够专注、坚忍、刻苦地投身知识的海洋保持学习动力，并且为自己的努力寻找属于自己的意义，这是学生成长之根本。然而，现实中，部分学生对学习缺乏兴趣。学习意义感的缺失正是当前大学学风出问题的根源所在。学习意义感是指学生在学习过程中时刻寻求个体与知识之间稳定的意义联系，对学习各方面产生强烈的意义确认和价值认同的一种意识活动。这就启示我们，要引导学生回归常识。学生的第一任务就是刻苦读书学习，塑造学生学习的意义感，激活学生自主成长动力和热情，在大学生个体成长过程中至关重要。通过情景化导入深化学生对知识的意义理解，经验回归提升学生对自我价值的认同，文化回应营造意义价值体验的氛围，实现更加有效、有质感的学习，在强烈的学习意义感中找回自我、主动成长。

4.关注特殊学生群体，深化“全员成长、多元成才”均衡发展

经对近年来中国大学生年度人物群体事迹文本考察发现，“特殊”学生占据绝大多数，这一“特殊”主要表现在以下三个方面：

一是从“内在特质”的角度来看，中国大学生年度人物优秀典型群体具有求知欲望旺盛、毅力坚韧持久、情感敏感丰富、职业规划目标清晰、成就型人格突出等共性特征。

二是从“外在因素”的角度来看，中国大学生年度人物群体中有部分“特殊”学生群体，他们面对生活不幸或突如其来的灾难，百折不挠、乐观向上、坚韧自强，成长为当代优秀大学生，“自强不息类”和“孝老爱亲类”中国大学生年度人物群体身上集中体现了这个“特殊”。

三是从“评审机制”的角度来看，中国大学生年度人物的评选原则上是按照社会实践类、学术科研类、创新创业类、自强不息类、见义勇为类、孝老爱亲类、全面发展类和多才多艺类八大类逐级申报、推荐，这个“现象表征”的背后更多隐含的是全员成长、多元成才的“理念指引”。

以上三个层面的“特殊”启示我们，做好新时代优秀大学生培养工作要在坚持深化“全员成长、多元成才”均衡发展的基础上，处理好普遍性与特殊性的统一、整体谋划与重点突破的协同。每个大学生只有在面对自己喜欢做的事时，才能发挥内在的动力，才有可能做到卓越，从而成就自我、成就他人。做好新时代优秀大学生培养工作还要特别关注“特殊”学生群体。“特殊”的经历或磨难对尚不具备成熟心智的学生而言，是巨大的考验，需要学校和教师及时介入、尽早帮助，赋予学生成长发展的“希望”，激发砥砺奋进的“正能量”，使他们在受助中实现情感升华、意义确立和境界提升。在这种正向反馈过程中，帮助他们实现从“受助者”到“自助者”，再到“助人者”的转变，进而成为自强不息的成才的“传播源”和“传播者”。

第二章

以提升学生创新意识为核心的创新教育

第一节　创造与设计思维概述

一、创造性思维的理论基础

1.创造性思维的生理学基础

生理学主要以人脑为主要研究对象，用来阐释创造性思维与人脑之间存在的关系。左右脑的不对称性与创造性思维有关，左脑主要是逻辑思维和语言，即人理性的一面，负责人的抽象记忆；右脑倾向于艺术思维，其思维方式是形象思维，主要负责形象记忆。左脑和右脑相比，后者较为弱势。右脑的使用是基于左脑的镇静。也就是说，只有左脑停止或相对安静下来后，右脑才能活跃起来。但是据科学研究发现，人类右脑储存的信息较为丰富，包含着祖先在五百万年生活中所经历的人和事，它的潜在能力大约是左脑的十万倍。把我们的大脑比喻为沉睡的巨人也不为过。左脑在人类的工作、学习中，承载着机械和理解记忆，而此时的右脑只能闲着，或起一些衬托、辅助的作用，这就使右脑的形象记忆功能未被充分利用。右脑主要负责人类的高级功能，包括自我认识、社会价值理解等，而这些都与创造性思维的产生相关联。钻研问题的精神、理性分析的能力、不怕挫折的勇气、敢于拼搏的精神等，都是创造者所必须拥有的。科学家研究发现，这些非智力因素的活动都源自人的右脑。纵观我国目前的教育体系和教育制度，侧重点都放在对左脑的开发利用，忽视了对右脑潜能的挖掘。因此，人脑的生理机制让教育界发出了注重右脑潜能挖掘的号召，呼吁在教育中注重左右脑的分工与协作。此外，在研究创造性思维的培养时，教育界提出了重视右脑开发的倡议，呼吁左右脑的协作。科学家还发现年龄和身体状况会影响创造性思维的产生。研究发现，青少年时期是大脑向完整脑的过渡期，这个时期是开展创造性教育的黄金时期。

2.创造性思维的心理学基础

心理学研究涉及许多领域，如认知、情感、人格、行为和人际关系，以及教育和健康等领域。心理学专家从心理学的角度探索了创造性思维的发生机制，并提出了许多著名的理论假设。例如，英国心理学家华莱士从各类型中选取思想活跃的人，以他们的经验为切入点进行研究，提出了关于创造性思维的四阶段论。这四个阶段是：一是准备期，这一时期是知道问题、收集材料、动脑思考的时期，也是主动、自觉努力的时期；二是酝酿期，在这一时期大脑不断思考，但一段时间后也没能得出较为满意的结果，于是开始产生心理不满，想中途放弃，不过这一时期人的潜意识在其未察觉的情况下进行了有力的活动；三是启发期，在这一时期解决问题的线索突然出现，经常发生于疲劳后的放松时或忙于其他事情时；四是验证期，在这一时期将突然出现的想法细细琢磨并加以具体化。

人本主义心理学家罗杰斯提出了“心理安全”和“心理自由”的概念，他认为“心理安全”和“心理自由”环境的创设对创造性思维的产生具有很大影响。另外，心理学研究表明，强烈的解决问题的欲望促进创造性思维的产生；唯课本、唯教师的心理障碍，是创造性思维产生“瓶颈”的因素。对大学生创造性思维的培养要重视对其心理要素的分析，综合考虑各种心理因素在创造性思维培养中的作用。

3.创造性思维的教育学基础

吉尔福特提出人人具有创造力并且创造力是可以开发的观点。在《学会生存》一书中，联合国教科文组织提到教育可以培养创造性，也可以扼杀创造性。教育的目的在于开发学生的潜能，培养其立足于社会的能力和为社会作出贡献的才干。通过教育培训，可以增强学生的信心和创新热情，从而有助于激发其创造性思维。相关研究显示，12岁之前人的智力高速发展，12~20岁人的智力处于较缓上升阶段，20岁左右人的智力就会达到一个相对稳定的阶段，此后可能缓慢下降。我国大学生的年龄一般为18~22岁，是智力发展的黄金期，此时对其进行思维训练意义重大。因此，高等教育对大学生的影响重大。教育中所涉及的教师、内容、制度、目的、方法、形式及它们之间的相互关系问题、教育过程问题等，都是教育学研究的对象。同时，这些因素也都影响着对教育主体的培养。校长观念、学校的管理模式、教师的教育理念、教学中使用的教学策略等，都会对大学生的发展产生重要影响。武汉大学原校长刘道玉认为教育的境界决定教育的高度，强调大学校长和教师在培养杰出才干中的重要作用。时任国务院总理温家宝在2005年去看望钱学森的时候，钱学森感慨说出，我们这么多年里培养出来的学生中，怎么没有一个能和民国时期培养出的大师相提并论呢？接着钱老又发问，为什么我们的学校总是培养不出杰出的人才？这些问题直至今日依旧是教育界未破解的难题，需要整个教育界与社会各界共同破解。因此，关于教育如何促进大学生创造性思维的发展，如何培养杰出人才等问题的答案还在探索中。

二、创造性思维特点的矛盾性分析

1.逻辑性与非逻辑性的结合

创新的核心是创造性思维，创造性思维是左右脑共同作用的结果，左脑主逻辑思维，右脑主形象思维（或非逻辑思维）。逻辑思维对创造性思维的影响是双重的，既有积极影响，也有消极影响。逻辑思维的主要功能是整合已有知识，形成思考模式。知识是创造性思维的基础，一定的思考模式会帮助人们快速从繁杂的现象中提取所需信息。逻辑思维是创新的基础和前提，所有的创新都需要遵循逻辑法则及客观规律，否则就不是真正的创新。逻辑思维对创新具有护航和导向的作用，提高逻辑思维能力有助于创造性思维能力的培养。但是，死记硬背知识、过于注重事实、只关注结果的思考模式或思维定式也会束缚思维，致使其僵化。非逻辑思维与逻辑思维相反，它对权威和经验不屑，对阻碍思维的一切因素进行排除，只关注思维自身的突破与发展。非逻辑思维主要包括灵感、想象、直觉等这些看似毫无规律的现象，甚至这些现象在狭义上被定义为创造性思维。但不论是灵感、直觉、幻想，还是其他灵光乍现的现象，其实质都是在一定的经验、知识、思考方式的基础上产生的。创造性思维是集逻辑思维与非逻辑思维于一体，并在实施的过程中使二者达到辩证统一，且逻辑思维是非逻辑思维存在和发展的基础。

2.收敛性与发散性的统一

从理论的角度来探讨，创造性思维包括收敛思维与发散思维。收敛思维体现思维的集中性，它是基于现有的事实和概念，将各种已知条件集中起来，再根据一定的目标、程序和逻辑原则，将思维引向集中和深入，并求得准确的答案，从而形成科学成果的思维方法，以最终达到新发现、新突破的目的。也就是说，收敛思维的核心也是逻辑思维，这从侧面反映了这一思维结论的集中性和确定性。发散思维也称扩散思维，这种思维的特征是自由性，即解除原有思想和概念的羁绊，摒弃传统知识和思维方式的束缚，从多角度、全方位探讨问题。发散思维主要是通过灵感、想象等方式，充分利用既得条件使思维向各个方向延伸，从而寻找不同的解决问题的方法。这种思维本质上有非逻辑思维的迹象，从侧面反证了非逻辑思维对答案多样性的追求，也正好说明非逻辑思维追求答案多样性的原因。收敛思维和发散思维是两种不同的思维方式，但它们之间相辅相成，并在对立中相互转化和相互交替，收敛—发散—收敛是创造性思维的基本运动形式，体现了创造性思维的基本精神。

3.继承性与创新性的结合

有人认为创新就应该与旧的、传统的东西割裂开来，只强调其创新性，即与创新相关的都应该是新颖的、超前的。但创造或创新的产生不是凭空出现的，而是在一定基础上产生的，在继承基础上的创新才是真正的创新。而这个基础就是我们在成长环境的作用下所形成的观念、知识、经验、文化、思维模式等，知识是基础，思维是引领，从一定意义上来讲这些都是原有的、继承性的东西。继承和创新是一对矛盾，研究继承就不得不提到创新，创新是在继承的基础上进行的，创造性思维所呈现的多样性，都是对原有的继承性的东西进行辩证否定的结果，是继承和创新的统一。同时，创造性思维的连续性与非连续性特征也是继承和创新的表现。连续性指的是创造性思维的内容在一定程度上是连续的，是在原有相关知识、经验的基础上发展的；而非连续性指的是在原有的基础上创造出了新的东西，取得了突破性进展。我们从创造性思维的继承性和创新性的矛盾中可以分析出，在创造性思维的培养中既要注重知识的传授和逻辑思维方式的培养，又要注重知识、教学方法、管理模式的创新，在继承中培养学生的创造性思维，提高其创新能力。

4.理性与非理性因素的作用

在人们的认识过程中，理性与非理性认识相互依存、辩证统一。非理性认识是理性认识的来源，理性认识又指导非理性认识，从而达到认识世界的目的。同样，在人的思考过程中也存在理性与非理性的辩证作用，理性因素一般指的是人的理性思维等能力，在人的认识和思考过程中起指导、解释和预见的作用；非理性因素通常指的是人的意志、情感、习惯、本能、信仰、动机、欲望、幻想、直觉、兴趣、灵感等，在人的认识和思考活动中起推动、诱导和激发作用。其中意志在人的认识过程中起支撑和推动作用，想象和幻想是科学创造中极可贵的品质，直觉、灵感等非逻辑的力量可以激发人的创造能力，在思维过程中弥补理性思维的不足。从诺贝尔奖获得者背后的故事中我们可以发现，他们前期都是在自己专业知识和理性思考的引领下开始专注于某一个问题的研究，直至遇到瓶颈时止步不前，此时非理性因素就显得极为重要，也就是我们所看到的“灵光乍现”或“运气”，比如阿基米德发现浮力定律、牛顿发现万有引力定律等。由此可见，创造性的成果都是在理性与非理性因素的共同作用下产生的，创造性思维的培养中需重视理性与非理性因素的共同作用。

三、设计思维的方法与思路

设计思维是头脑和想象高度结合的产物，是“从无到有”，是解决问题的主要智力和潜力，是我们头脑中最宝贵的“资源”，也是艺术家、科学家以及人类一切文明的创造者毕生追求的思维目标。在高等教育中有效地培养学生的设计思维、创新精神，激发学生潜在能力以及提高学生专业素养是现代高校教学目标中重要的一环。教师在大学英语、计算机基础等传统课程的授课过程中使用设计思维为学生上第一堂课，不仅可以使学生们提高学习积极性，还能够引导学生更加深刻地了解所要学习的课程。设计思维共分为五个阶段：共情、定义问题、探索点子、设计原型、测试验证。

1.共情

共情作为设计思维的第一步，与我们的感官联系起来可以提供立体的思维模式。当我们喝了一口龙井茶，清新的感觉环绕口腔，这时大脑中就会浮现出清新的茶园；或者看到森林动物园的门票，就像看到了动物和郁郁葱葱的树木。通过产生的共鸣进行发散思维，打破固有的常识，可以更有效地激发我们潜在的思考。把我们已知的事或者物做成一个中心图像，通过图像进行线索的延展，从而可以产生很多联想。

2.定义问题

很多创新思维都是源于问题，用来解决我们工作或者生活中的各种“不方便”。当遇见问题时，我们会思考问题的根源和解决办法。现在电商高速发展，很多快递包裹收取不方便，所以菜鸟驿站、丰巢、日日顺等包裹代收站应运而生，从而更好地服务社会。我们做的虽然只是细枝末节，但一样可以把生活变得更好，所以我们创新力的最终落脚点是真实性、价值性、可实现性。

3.探索点子

在这个阶段中我们需要从多元化的角度看待核心问题，一起探索解决问题的方法。然后把我们的点子归纳成具体的方法，从“创新性”和“可行性”两个方面进行考量。

4.设计原型

经过了前三个阶段，一个简单的原型就形成了，这个原型需要我们用更多的理论来探索可完成性。对问题反映出来的细节，我们可以进一步完善，大多创新的设计都是在之前原型的基础上更改了一个小小的地方，成就了现在的创意。例如现在广泛使用的蓝牙耳机，耳机是本来就有的，但是在耳机的基础上设置了一个蓝牙连接，很轻松地就解决了耳机线不方便的问题，给我们的生活提供了便利。

5.测试验证

最后到了创新落地的时候，需要通过验证或者逆向推算来看最终的成效，直到可以万无一失地服务于人类社会。

四、设计思维在培养创新人才中的应用

教育的出发点是人，落脚点也是人。“周虽旧邦，其命维新”，说明创新精神是中华民族最鲜明的禀赋，强调创新精神在国家、民族发展中的重要性。课堂是教育的最终实现形式，把设计思维融进课堂里，是必不可少的一个环节。设计思维最重要的也是最关键的一步就是“头脑风暴”，因为每一个思考的环节都是需要不断的头脑风暴实现的。我们可以把班级内的学生分为几个小组（通常每个小组由3～5人组成），在这个过程中需要每人准备几支不同颜色的笔和几张白纸，并且要遵循以下原则：①放空自我，大脑进入空白状态；②对于他人见解不作评论；③将所有一闪而过的想法用笔记录下来（图文结合）；④大量地书写/绘画；⑤不用担心错误、重复，随心所欲；⑥大胆地去表达自己的想法；⑦聚精会神。

与此同时，教师仅仅起到一个引导的作用，在给出一个核心主题以后，就可以让学生大胆地思考自己的问题或者假设。该题目没有所谓的标准答案，就像小朋友绘画一样，没有标准说房子一定是方形的，也没有标准说大海一定是蓝色的。当头脑风暴结束以后，看似脑海中那些碎片式的灵光乍现，其实有着千丝万缕的关联。由一个瓶盖，机电学院的学生能联想到机械制图原理，光伏发电专业的学生能联想到资源的回收与再利用等。当资料准备完以后，讨论与交流就是我们接下来一个非常重要的环节。众所周知，所有的好点子都不是靠闭门造车产生的。协作精神似乎是设计过程的自然延伸，在充分讨论后，学生可以互相给予批评和建议，这样可以提高“相互学习的动力”。

许多学生完成了一次次设计思维带来的头脑风暴以后，在接下来的专业课程学习中，对自己的专业认知又有了更深入的了解。几乎所有学生都对将抽象的概念转化为具体的成果充满信心。学生从设计思维的过程中学习，其输出大于输入，加深了理解和认识。

第二节　写作技巧

一、写作对大学生综合能力提升的重要意义

1.有助于培养大学生的可迁移能力

写作能力培养在大学学习中的定位和大学本身的类型与培养理念密切相关。作为综合性研究型大学，学术是大学的主轴，而写作恰恰是学术的主要呈现方式。正是在这个意义上，写作在大学学习中具有根本性意义。

有别于传授信息性知识，通识教育致力于激发学生的自我学习潜力，让学生掌握可以触类旁通的方法，因此，培养各种“可迁移能力”是通识教育的重中之重。写作能力培养的目标是实现写作能力的“可迁移性”，换言之，这种在大学中习得的能力将能够让学生终身受用。

2.有助于培养大学生的思维能力

写作能力与思维能力是合二为一的。培养学生的写作能力同时也是一种思维能力的训练。写作能力不只是技巧，也不只是技术，很多时候如果我们没能写清楚，实质是还没有想清楚。只有想清楚了才能逐渐说清楚，再诉诸笔端，并经过不断修改，去掉口语化表达，由此形成更得体的学术性表达。因此，我们认为学术表达（即包括口头和书面表达）与思考之间是一个有机的整体。这是一个非常紧密的过程，各环节之间并非各自独立。所以，要让学生们认识到：什么才是理想的思考和表达，如何在这个基础上形成一种独立学习的能力，从而让人受益终身。

二、培养写作技巧的途径

1.认真探索写作规律

鲁迅先生曾说过：“静观默察，烂熟于心，然后凝神结想，一挥而就。”意思是说：静静地不声不响地进行观察，然后把观察到的事物熟记在心里，再经过精心的构思，最后写成一篇好文章。这告诉人们关于写文章的运行发展规律应该是：观察—记忆—思维（想象）—表达。

观察是写作的前提和基础。写作素材绝大部分都来自现实生活，唯有进行认真细致而到位的观察，才能从生活中采集到切实有用的素材，否则就难以完成写作目标。

记忆是写作的“信息高速公路”。根据心理学原理，人的记忆力包括有意识记忆和无意识记忆，人们须加强有意识记忆的训练，在此基础上，无意识记忆会潜移默化地得到加强。一个人的记忆力与生理年龄关系极大，年少时记忆力强，学习的内容可能一辈子都忘不掉，随着年龄的增长，记忆力逐渐衰退，最后甚至有可能失去记忆。但一个人的记忆力，除了受先天因素影响，更重要的是后天的培养和锤炼。

思维和想象是开启写作之门的“金钥匙”。思维首先体现在分析题意，确定思

路。对于文章开始写什么，接着写什么，最后写什么，都要缜密考虑，形成一个框架，做到详略得当，切忌平铺直叙、说大白话、记“流水账”。你可以从故事的中间部分开始，然后叙述原因，最后引出结果。也可以从故事的结果开始，再回到故事的原因和过程，这会使文章更曲折、动人。

表达是写作的最高境界。写作的最高境界是表达，因为无论你的构思多么美妙，你的想象多么丰富，最终它都要被书写出来。然而，表达能力的提高不是一天就能实现的。它必须经过长期的积累，在课堂学习中不断丰富和提高。此外，随着教育背景的不断增加，表达能力也会经历一个由浅到深、由易到难、由简到繁的不断转变的过程。但无论如何改变，都有一个基本原则不变，那就是要根据文体要求选择不同的表达方式。

2.努力提升艺术鉴赏水平

艺术鉴赏水平，除了受到民族特性，历史、文化背景，以及个人审美偏好等因素影响外，往往还取决于个人的审美能力和学识修养。这种能力和修养建立在充分的认知上面。丰富的生活阅历对艺术鉴赏水平的提升也有帮助，一个有着丰富生活阅历的人，必然有较多的生活知识和生活经验，这些知识和经验的积累也是修养的一部分，构成了其审美理解的深层因素，毕竟艺术源于生活。所以艺术鉴赏水平的提高，即眼界的提高，来源于审美能力的提升和学识的提升。文学是艺术，文学创作实质上是一种艺术创作，但也存在一个艺术鉴赏的问题，只有知道什么样的文章算是好文章，才能把文章修改好。那么，怎样才能提高鉴赏水平呢？

首先，鉴赏是从阅读开始的。阅读文学作品对提高写作水平很有帮助，应尽量广泛涉猎。在阅读古今中外文学作品的过程中，即使是一知半解，也能体会如何写一篇文章。因此，阅读文学作品不只是走形式，更要用心去读，有自己的理解和思考，养成良好的阅读习惯。

其次，鉴赏需要深思。许多同学阅读文学作品，只停留在表面层次上，满足于情节的精彩，或者语言的幽默风趣等，而不去思考作者为什么这么安排结构和选择表达的语言等。鉴赏文学作品，必须积极深入思考，仔细品味整篇文章的意思甚至细枝末节，仔细琢磨作者的主题选择、文体选择、语言组织表达等。

3.提高写作技巧

写作技巧就是表现的技巧、方法，是作者为表情达意而采取的有效手段。写文章必须讲究技巧，“随意下笔，离题万里”必然阻碍写作水平的提高。

怎样才能提高写作技巧呢？

一是有善于观察世界的眼睛。法国艺术家罗丹有句名言：“美是到处都有的，对于我们的眼睛，不是缺少美，而是缺少发现。”许多同学之所以觉得平时没东西可写，正是因为对身边发生的事情熟视无睹，如果你在日常生活中多花些时间观察身边的人和事，你的大脑皮层就会产生一种好奇心，一种罕见的写作冲动就会从笔尖涌起。

二是让灵感多“飞”一会儿。灵感是创作想象的自动状态，是包括文学创作在内的一切精神创作活动中最常见的心理现象。它是创造性思维的产物。据说，托尔斯泰写《安娜·卡列尼娜》时，一直为作品的开头绞尽脑汁，偶然间阅读了普希金的一篇小说《宾客聚集别墅》的开头，触动了他的创作灵感，他立即写下了开头，并源源不断地写出了后面的故事。

三是重视画龙点睛之笔。“题好一半文”，一个好的标题对文章起着决定性的作用。如果一篇文章的标题取得好，就像画龙点睛一样。如果你想给文章起一个好的标题，就必须慎重考虑。

四是不做诗人也学诗。中国是个诗歌的国度，历朝历代出现了数不清的优秀诗人，诗歌因音节、声调、韵律、长短疾徐而具有了美感。要写好文章必须学点诗歌：学习诗歌感情的抒发方式，直抒胸臆，抒情言志，运用到文体中去，会使文章充满诗意和美感；学习诗歌意境开掘的方式，使文章的想象力丰富，构思富有意境；学习诗歌优美的语言，从而使别的文体语言也能变得精练、优美起来。

五是叠句排比增气势。在表达深刻的思想、复杂的事物、热烈的感情时，适当运用排比和叠句，常常给人一种“百转千回，绕梁三日”的感受。排比往往给人以一气呵成之感，节奏感强，增强语言气势，加强表达效果，多用于说理或抒情。用排比说理能够把论点阐述得更严密，更透彻；用排比抒情能够把情感抒发得淋漓尽致。《劝学》中有：“不积跬步，无以至千里；不积小流，无以成江海。”朱自清在《春》一文中写道：“山朗润起来了，水涨起来了，太阳的脸红起来了。”

六是幽默成就艳阳天。幽默代表着智慧，代表着机敏，《阿凡提的故事》《洋葱头历险记》等幽默故事在我们的脑海里留下了极其深刻的印象，散发着经久的艺术芳香。如果作品散发出幽默的光辉，就能让读者感到扑面的温馨与和谐。其实要达到幽默并不困难，作家张天翼说过，“幽默者，即是真实”“幽默非说真话不可”。在写作中保持说真话，加强知识积累，多一些坦荡宽阔的胸怀，幽默会自然降临你的笔尖。

七是锻炼胆量勇投稿。许多学生没有勇气把自己写的文章投出去发表，或者参加校外的各类作文或论文比赛。要勇于锻炼自己的文字写作能力，享受其中进步的过程与快乐。通过参赛不断成长，提高自己的写作能力。

八是养成习惯成自然。良好的写作习惯比写作热情更加重要。相关学者们的研究指出，一个人的日常活动，90%已经通过不断重复某个动作，在潜意识中转化为程序化的惯性。也就是不用思考，便自动运作。这种自动运作的力量，就是习惯的力量。我们必须有意识地去培养这种写作的习惯力量，有了这个目标，我们就可以很清楚地知道在写作中应该规避哪些问题。

三、大学生常见公文写作介绍

大学是国家高等教育的学府，是父辈人向往的象牙塔。随着社会经济的腾飞，国家教育事业的蓬勃发展，高等教育“普及化”使越来越多的人能够进入高等院校接受高等教育。高等院校除了是专业人才的摇篮，还应该是培养大学生综合素质能力的前沿阵地。而肩负着光荣使命的载体便是高等院校学生组织，如高等院校院系学生会、青年志愿者协会、学生社团等。学生组织虽然种类较多，但各类学生组织的组建初心都是为了提升学生的个人综合能力。而个人综合能力中的“公文”写作能力，对学生将来的职场颇为有用。

1.宣传稿

宣传稿是大学常见的公文形式之一，衡量宣传稿的效果有三个指标：阅读量、转发量、实际参与量。在撰写宣传稿之前，我们应该从如下几个方面思考：

（1）设计成什么样的标题或内容，才能达到校内外各大师生群裂变分享；

（2）激发师生群体参与活动的动机；

（3）师生参加活动后，能收获些什么；

（4）活动中有无神秘或创新性强的环节，可以简单阐述，吸引眼球；

（5）活动中能拉到哪些赞助，提供哪些资源，提供什么类型的奖品；

（6）若有条件，活动内容结尾可提供预参与报名入口或另设链接，可提前知道本次活动预参与人数，留好提前量；

（7）活动能给组织带来哪些收益和帮助。

通用的宣传稿格式如下：

标题：简明直接，引人注目。

第一段：介绍活动的时间、地点、主办方以及活动内容。

第二段：简单介绍一下活动的流程，运用一些形容词，对活动的热烈情况进行描述。同时，写明具体的开始时间和结束时间。可以通过描写一个细节突出活动特点，多运用连接词。

第三段：主要写三个方面，即对活动给予好的评价，活动的意义，对每个人的期望或对未来的向往。

2.校园活动策划书

一份好的活动策划书就是要将心中所想用文字的方式呈现和演绎出来，即便一个完全没有类似活动经验的人看了也知道该怎么进行。要想达到这样的水平就需要在前期做充足的准备。多读，多写，规范用语；勤用，妙用，善用表格。

（1）标题务必简明扼要，如：“关于××××活动的策划书”或者“××活动方案”。

（2）阐明此次活动的意义所在，如“通过此次活动可以给学生们带来什么样的益处”，还可以适当加入此次活动的背景资料。

（3）活动主题要言简意赅、短小精悍、富有文采。如一场设计比赛，可用“建造梦想，筑梦起航”作为活动主题。

（4）活动时间力求精确，最好有始有终，如“某歌唱比赛投稿日期自2024年6月1日9时起至6月13日17时止”，特殊要求还需另外注明，如“某校园歌唱决赛，观众须于当晚18时入场完毕”。

（5）活动地点务必阐述清楚，避免产生异议，必要时对活动地点进行描述，如“某辩论赛复赛场地为甲2-101室（教学楼C馆一楼阶梯教室）”。

（6）活动对象写明某某学院某某级学生，必要时备注其他要求，如“全体研究生”“建筑学院 2018级学生”。

（7）活动嘉宾名前为尊，嘉宾的描述格式为“头衔＋名字”，如“某某学院党委书记，某某某；某某学院党委副书记，某某某”。

（8）活动流程体现的是策划者对活动的整体设计。主要阐述每一环节的名称，活动持续时间，必要时还可以对每一环节的主要内容进行相关解释。目的是增加读者对活动的认知，提高活动的吸引力。

（9）工作安排。①活动前期：主要工作有采购、拉赞助、宣传、邀请嘉宾、确定参与对象、服装道具准备、规则制定、电子文件制作、制定预案等。②活动中期：主要工作有布置会场、安排拍摄、秩序引导与维护、前期暖场等。③活动后期：主要工作有清理会场、整理照片、撰写新闻稿、撰写总结、交流经验等，每项工作任务需将完成时间、完成地点、任务要求、责任人或责任部门一并详述，以便策划者能整体把握，落实责任，不至于活动时手忙脚乱。建议使用表格。

（10）经费预算要求具体、详细。主要包括项目、单价、数量、采购部门、合计、总计，一目了然。建议使用表格。

（11）落款包括落款单位和落款日期。落款单位用以注明该文档正文的出处，如“某某学院某某系团总支”，切记不能添字、少字、错字；落款日期，用以注明该文档正文撰写完成的时间，用公历记时，例如“二〇二四年六月二十五日”。

3.工作、活动总结

（1）标题格式为“单位＋时间/活动名称＋（工作/活动）总结”。如“管理学院学生会组织部2023—2024学年第二学期工作总结”“某某大学校园十佳歌手活动总结”。

（2）正文是工作总结的主体，正文的主要内容包括：活动环节、取得的成绩、活动的不足之处以及经验和教训。要求言辞中肯，实事求是。

（3）结尾一般用精练、简洁的语言写明此次活动的意义及今后努力的方向。

（4）落款要求同活动策划书。

4.活动通知

一定要明确活动通知包括哪些要素，以及哪些要素是活动通知的重要组成部分，不可或缺。通知写作中，通知内容要素的准确、齐全是最基本要求。根据常见活动通知的内容和结构要素，活动通知的写作模板如下：

标题：发文单位+关于举办……活动+的通知（文种）

收文单位：××××、××××、××××（写明收文单位名称。可以用统称，但必须涵盖所有收文单位）

正文部分：活动时间、地点、主要内容、参加活动人员、报名、签到及附件等。

署名：×××××（发文单位全称）

成文日期：××××年×月×日（用阿拉伯数字写明）

5.实践调研报告

调研报告是对某一情况、某一事件“去粗取精、去伪存真、由此及彼、由表及里”地分析研究，揭示出本质，寻找出规律，总结出经验，最后以书面形式陈述出来。

（1）“没有调查，就没有发言权”，实践调研报告最重要的就是调查。调查工作的基本要求有：①立场、出发点要正确；②调查态度要端正，实事求是；③调查目的要明确；④调查方法要精准适当。

（2）调查准备有：①思想准备；②选定调查研究题目；③拟定调查提纲。

（3）报告撰写：一是对所得的材料进行整理、分类、核实，发现遗漏或存疑的地方，再作调查补充。二是分析、思考，揭示材料的内部联系，发现事物的本质。

具体写法如下：

标题。标题可以有两种写法。一种是规范化的标题格式，即“发文主题”加“文种”，基本格式为“××关于××××的实践调研报告”“关于××××的实践调研报告”“××××调查”等。另一种是自由式标题，包括陈述式、提问式和正副题结合式三种。陈述式如“××××大学硕士毕业生就业情况调查”；提问式如“为什么大学毕业生择业倾向沿海和京津地区”；正副题结合式，正题陈述调查报告的主要结论或提出中心问题，副题标明调查的对象、范围、问题，这实际上类似于“发文主题”加“文种”的规范格式，如“高校发展重在课程思政建设——××××大学课程思政建设实践思考”等。作为公文，最好用规范化的标题格式或自由式中正副题结合式标题。

正文。正文一般分前言、主体、结尾三部分。

前言。有几种写法：第一种是写明调查的起因或目的、时间和地点、对象或范围、经过与方法，以及人员组成等调查本身的情况，从中引出中心问题或基本结论；第二种是写明调查对象的历史背景、大致发展经过、现实状况、主要成绩、突出问题等基本情况，进而提出中心问题或主要观点；第三种是开门见山，直接概括出调查的结果，如肯定做法、指出问题、提示影响、说明中心内容等。前言起到画龙点睛的作用，要精练概括，直切主题。

主体。这是调查报告最主要的部分，要详述调查研究的基本情况、做法、经验，以及分析得出的各种具体认识、观点和基本结论。

结尾。结尾的写法也比较多，可以提出解决问题的方法、对策或下一步改进工作的建议；或总结全文的主要观点，进一步深化主题；或提出问题，引发人们的进一步思考；或展望前景，发出鼓舞和号召。

第三节 沟通技巧

一、大学生人际沟通现状及障碍分析

在当今社会生活多元化、复杂化的大背景下，人际沟通与交流显得十分重要，是人们生存与发展最迫切的需要。若想有所作为，善于沟通是基本条件。当今世界，新型人才最主要的特点是具有人际交往和沟通的能力。由于个人的兴趣爱好、性格癖好、生活习惯、成长环境不同，因此妥善处理复杂的人际关系实属不易，一旦处理不善可能产生各种交往障碍甚至影响个人的未来发展。现在大学生人际沟通情况不容乐观，大多数学生交际范围较窄，同学之间并没有实现真正的情感交流。多数学生缺乏沟通交流经验，不善于与人交谈，有时内心的苦闷无法宣泄，快乐无法分享，只好独来独往，生活变得异常乏味。

1.随着科技高速发展，大学生沟通交流方式日趋变化

现代社会中由于先进的通信工具陆续出现，人们的沟通方式发生了改变，尤其是年轻人越来越习惯于用网络代替面对面的交流，甚至有人因此出现了抵触语言交流、无法与他人相处等沟通障碍。有权威机构进行过调查，超过七成的被访者承认，现代科技改变了自己和他人交流的方式，使其更加快捷、方便。但也有不少人担忧，手机短信、网络聊天等交流方式让人与人之间的心理距离越来越远，另外，过度依赖现代通信工具，对人们的口头语言表达能力也带来了负面影响。一些被称为“电子控”“低头族”“拇指族”的青年人逐渐意识到自己可能出现的沟通问题，甚至恐惧于未来可能出现的沟通能力衰退现象。但这些问题尚未引起社会的普遍关注，多数人觉得，这只是一种新型的生活方式，没有什么不好。不过，心理专家们建议，更多地与人当面交流，而不是躲在电子设备背后，会有利于年轻人提高自我表达能力、社交能力和心理健康水平。

2.大学生享受孤独的心态，引发“分享障碍”

人际交往是大学生身心发展和日常生活的基本需要。正处于人生重要发展阶段的大学生，在心理、生理和社会意识等方面都逐渐成熟。在此期间，大学生容易产生焦虑、紧张、恐惧、愤怒等诸多不良情绪，影响正常学习和生活。大学生人际交往和沟通中存在问题的原因是多方面的，主要是心理素质过差。很多大学生由于是独生子女，遇到好事时更愿意独享，而不是分享，以至于在群体生活中很难适应，给同学留下自私自利的印象，导致沟通的障碍。

3.沟通障碍导致极端伤害事件，引发社会问题

大学生的人际关系紧张可能导致极端伤害事件，引发社会问题。究其原因主要有两个方面：一是主观因素，表现为学生内心存在胆小、害羞、自卑、自负、嫉妒、多疑等负面情绪；二是客观因素，具体表现为学生在人际沟通过程中，存在性别限制、人际交往能力不强、人际交往范围狭小、交流和沟通难度增大等问题。很多家长在孩子年幼的成长阶段望子成龙，对孩子百般呵护、一味纵容，使

孩子从心理上产生很强的自我意识和过度的优越感，缺少宽容、理解、谦让、合作的品质。成年之后他们进入大学参与到集体生活中，心理方面的弱点就会显现出来。很多大学生在与他人交往时，只考虑自己的需要和利益，毫不顾及他人的感受，随之而来的就是日益激化的矛盾和问题。

鉴于大学生之间存在的沟通问题，当他们面临生活和学习困难时，一方面无人倾诉、无处发泄，从而产生孤独、绝望的负面情绪，另一方面则是在与同学之间发生矛盾和纠纷时头脑不冷静，激化矛盾，甚至出现伤害事件。

二、沟通能力训练的教学模式探索

1.采用体验式训练推动学生进行沟通技巧的学习

体验式训练对于推动学生进行沟通技巧学习，具有以下优势：

（1）帮助大学生正确认识自我，努力实现自我超越，使大学生能够找准自己的位置，明确自己的定位，根据自己的实际，设计自己的成长路线和发展方向，并战胜各种困难，实现自己的目标。

（2）加大实践教学力度，可以为大学生进行外部沟通提供条件和机会。教学人员选择一定的实践背景和环境，设计具体的沟通问题，给出特定的沟通对象，让大学生深入第一现场，扮演不同的沟通角色，有效提高实际沟通能力。

（3）沟通能力是通过日常生活中的一点一滴积累下来的，不是一蹴而就的，因此自我训练就显得尤为重要，如果训练到位，使学生在生活中自然而然地运用学到的沟通技巧，就可促使学生沟通能力快速提升。

2.课堂实践教学活动类型

（1）案例分析

案例分析法是把实际生活、工作、学习中出现的问题作为案例，交给学生进行研究分析，以此培养其分析、判断、解决问题以及执行能力的一种训练方法。具体做法是：在课堂教学中，融入在人际关系中各种类型的沟通案例，要求学生从中提出问题，并运用所学的沟通技巧解决实际问题，从而有效提高学生沟通能力。这种教学方法能够推动学生将所学知识运用于沟通实践活动，同时也培养了学生“用心观察、细心体会、精心准备、热心分享”的能力。

不过，作为目前广泛被使用的一种教学方法，案例分析法题材的选择也是非常值得关注的问题。只有案例选择得当，贴近学生的生活实际，能够切实反映学生的沟通问题，教师讲授的沟通技巧才能被理解和运用。

（2）情境体验

情境体验教学是指教师通过创设教学情境，引发学生的体验性学习，二者互为依托，构成一个完整的有生命力的课堂发展系统，从而形成有情感的、创新的、具有人文价值取向的课堂。

由于情境体验和角色扮演的方式贴近学生的实际生活场景，与学生的经验背景、兴趣爱好一致，因此可使教学活动具有内驱力、吸引力，能够推动学生主动参与，积极体验。课堂活动开展后，学生在老师的点评和辅导下，也能对在活动中反映出的不足之处，进行客观、全面的认知，纠正偏颇、克服障碍。这种教学方法，能够有效促进学生解决其面临的沟通问题。

（3）引入组织竞争机制

通过将班级中的学生分成若干训练小组，要求以小组为单位拟定小组名称、宣传口号、LOGO标识、组歌等，激励他们在课堂教学活动中积极竞争、主动表现、努力争取获得奖励和荣誉。这种训练方法一方面可以在客观上营造一个小团体的沟通氛围，消除学生之间的隔阂，提高他们的组织荣誉感和团队协作意识；另一方面可以激励学生认真投入到课堂实践活动当中，从而获得较好的修课成绩。同时，经过课堂实践活动的锻炼，学生可以自主参与各种沟通活动，增强了人际沟通技巧方面的自我认知能力。

（4）游戏教学法

实训游戏活动，可使学生增加学习兴趣，并对课堂所学知识加深理解，这种教学方法具有很强的竞赛性和极大的趣味性，在一定的前提下，给学生留下了较大的发挥主观能动性的空间。游戏教学法与其他传统的教学方式相比，更加受到学生的欢迎，教学效果显著。

具备优秀的人际交往能力，构建和谐的人际关系，不仅能使学生从心理上有归属感，还可以满足学生的心理需求。当前，学生的社会活动能力和人际沟通能力的培养方式应该得到创新，符合社会发展趋势和学生精神状态的变化。教育工作者需要探索新的教学方法来提高学生的实践能力，把教学理论与实践紧密结合起来，从而达到最佳的教学效果。

第三章

以端正学生择业态度为核心的就业教育

第一节　就业教育中的“家国情怀”思政元素融入

一、家国情怀的概念

家是人生开始的地方，国是人生理想的源泉，情怀即感情、寄托和希望。何为“家国情怀”？其包含家国同构、共同体意识及仁爱之情的基本内涵，是指共同体能够被整个社会主体认可。

古往今来，“家国情怀”往往通过“个人修身”“重视亲情”“心怀天下”等途径实现。它不仅与天下一家、爱国情怀、民族精神、行孝尽忠、区域伦理等传统中华民族文化有着至关重要的联系，还跨越了传统民族文化。

二、中国古代文人的家国情怀

习近平总书记曾指出，“我们要在全社会大力弘扬家国情怀，培育和践行社会主义核心价值观，弘扬爱国主义、集体主义、社会主义精神，提倡爱家爱国相统一，让每个人、每个家庭都为中华民族大家庭作出贡献”。在新时代，弘扬家国情怀，不仅是维系中华民族赓续的重要力量，而且是激励中华儿女砥砺奋斗的文化精神。华夏文明的基本维度和标志之一就是家国情怀，其也是中华儿女对家国命运共同体坚定不移的认可及支持。在浩瀚的中国古代文化中，家国情怀具有璀璨的文化指引。

1.忠孝一体、家国同构是古人家国情怀的核心要义

无论是《孟子·离娄上》的“天下之本在国，国之本在家，家之本在身”，还是《礼记·大学》中的“欲治其国者，先齐其家；欲齐其家者，先修其身”、《岳阳楼记》中的“先天下之忧而忧，后天下之乐而乐”，再到后来《病起书怀》中的“位卑未敢忘忧国”和林则徐的“苟利国家生死以，岂因祸福避趋之”，中国古代文化中的家国情怀素来都是华夏儿女浓厚的精神底色和诚挚的感情归宿。在中国人的视野里，家永远是最小国，国一直是千万家，家国永远相连，成为一体，休戚与共，个人生死与国家存亡密切相关，孝老爱亲、为国尽忠是家国情怀的核心要义。

2.国家统一、民族兴盛是古人家国情怀的终极价值

中国古代文化中的家国情怀更多地体现为作者以诗词歌赋表达对国家统一和民族兴盛的期望。陆游的“早岁那知世事艰，中原北望气如山”“夜阑卧听风吹雨，铁马冰河入梦来”“王师北定中原日，家祭无忘告乃翁”等千古名句，都寄托了他收复山河、心系复兴大业和国家安危的家国情怀。辛弃疾的“醉里挑灯看剑，梦回吹角连营。八百里分麾下炙，五十弦翻塞外声，沙场秋点兵”表达了词人意欲力挽狂澜、希冀重整河山的理想追求。

3.忧患意识、入世精神是古人家国情怀的重要标识

从曹植的“捐躯赴国难，视死忽如归”到李清照的“生当作人杰，死亦为鬼雄”，从文天祥的“人生自古谁无死，留取丹心照汗青”到于谦的“粉骨碎身浑不怕，要留清白在人间”，从司马迁的“常思奋不顾身，以徇国家之急”到顾炎武的“天下兴亡，匹夫有责”，这些诗作慷慨雄健、掷地有声，表达了中国古代文人的凛然风骨、浩然正气，浸透着诗词作者的责任担当和家国情怀。

家国情怀是古圣先贤在国家认同感、归属感、责任感和使命感等方面的高度融合和系统融合，是一种深刻的文化心理准则。翻开中国古代诗书，从中我们可以读到家与国是一体的、不可分割的，个人的未来与国家命运是紧密联系、同频共振的。

三、新时代家国情怀的实践进路

中国古代文化中的家国情怀，为当代国人留下了宝贵的精神财富。在新时代，家国情怀有了更加丰富的内涵。

1.弘扬家国情怀，就要将爱国和爱家相统一

孟子云：“天下之本在国，国之本在家，家之本在身。”在新时代，弘扬家国情怀，就要将爱国和爱家相统一。习近平总书记指出：“没有国家繁荣发展，就没有家庭幸福美满。同样，没有千千万万家庭幸福美满，就没有国家繁荣发展。”在努力实现中华民族伟大复兴的进程中，小家的命运及前途和大国的繁荣发展环环相扣、紧密联系。一方面，一个个小家庭是我们国家的基础。中华民族伟大复兴、中国富强文明、中国人民安居乐业，并不是抽象的，而是真实存在的，可以体现为成千上万个家庭的幸福安康，亿万百姓生活的不断改善。另一方面，国家是由一个个小家庭组成的，只有国家变强，华夏民族振兴，数不胜数的小家庭才能够更加幸福，更加和谐。换言之，只有一个个小家庭生活得幸福美满，其构成的整个国家才能够更加繁荣富强，民族才能更加振兴。

2.弘扬家国情怀，就要注重家风建设

注重家风建设历来是弘扬国家情怀的必要途径。家，不仅为社会个体提供了遮风避雨的居住之处，而且更深层次上是人们心灵的归宿。家风极其重要，家风好，便会家族兴旺、和谐美满、幸福安康；家风差，则会祸殃子孙、败坏社会风气，就如同“积善之家，必有余庆；积不善之家，必有余殃”。家风作为培育家国情怀的起点，也是社会风气的重要组成部分。大力弘扬家国情怀，我们要注重传承并弘扬

传统优良家风，积极踊跃地将家风建设融入爱国、为社会做贡献中来，积极传承“爱国、无私奉献、孝亲敬长、勤俭节约、积极进取”等优秀传统美德，主动构建幸福安康、和谐美满的家庭关系，以成千上万个小家庭的良好家风滋养全社会的良好风气。

3.弘扬家国情怀，就要勇于担当自身的责任

弘扬家国情怀，就要勇于担当自身的责任。天下兴亡，匹夫有责。个人的命运前途同国家的繁荣兴盛休戚与共。为了国家繁荣富强、民族振兴、人民幸福安康，每一个人都要落实自身的责任，勇于担当、积极奉献。

随着新时代的发展，青年学子更应该勇于担当，弘扬家国情怀。1919年，26岁的毛泽东在《湘江评论》创刊词中高呼：“天下者，我们的天下；国家者，我们的国家；社会者，我们的社会；我们不说，谁说？我们不干，谁干？”在纪念五四运动100周年大会上，习近平总书记发表重要讲话并明确提出“新时代中国青年要担当时代责任”。青年勇于担当责任是社会飞速发展的必然要求。习近平总书记在党的十九大报告中明确指出：“青年兴则国家兴，青年强则国家强。青年一代有理想、有本领、有担当，国家就有前途，民族就有希望。”勇于担当需要脚踏实地，从小事做起。青年一代要有扑下身子、撸起袖子加油干的情怀和精神，兢兢业业做好每一项工作，精益求精做好每一件事情。勇于担当不是追求功名利禄，勇于担当不是精致的利己主义者的忘我奋斗，“一切视探索尝试为畏途、一切把负重前行当吃亏、一切‘躲进小楼成一统’逃避责任的思想和行为，都是要不得的，都是成不了事的”，勇于担当需要把个人价值融入社会，为国家发展和民族进步助力、奉献甚至牺牲。

四、就业观念的偏位

当前部分大学生对家国情怀的缺失必然导致就业观念的偏位，具体表现在以下几个方面：

1.过于注重薪酬福利

随着社会经济的发展，当代大学生在面对就业问题或择业问题时，薪酬待遇已经成为他们的主要考虑因素。并且由于新时代大学生的思想越来越开放、紧随时代思想潮流，他们会大胆追逐所需物质，不会再进行遮掩，但与此同时，功利主义倾向也随之而来。

2.过度偏重就业地域

直辖市、省会城市、东部沿海发达地区仍是大学生就业的首选区域，而最需要大学生的中西部地区、中小城市、农村地区，毕业生们普遍不愿意去。

3.过分看重行业发展

调查发现，部分毕业生不介意从基层做起，但要求岗位有一定的发展空间。能够提供较多的学习机会、注重员工培养的企业更受学生青睐。

4.太过关注单位性质

由于社会中每年会有大量的毕业生就业，大学生的就业压力逐年增长，因此，

毕业生都渴望能够考上国家公务员、进入国企或事业单位等“铁饭碗”行业，以为这样就可以避免高强度的工作压力，一辈子稳稳当当，追求稳定的态度也越来越凸显。即使新时代就业单位种类繁多，但当代大学生在就业时都会考虑功利和长期性，衡量工作是否稳定、是否会有良好的经济收入等。

5.缺乏就业准备

大学生就业并不是从大四或毕业的那刻才着手准备，而是应该在步入校园时就有意识地开始做准备。由此可见，当代大学生缺乏就业准备，对就业准备的认识还不够充分，存在诸多不足。虽然他们在大学四年里会学习职业生涯规划课程，也会参加各种招聘会，并经过实习工作的磨砺，但他们对社会还没有足够的了解，也对各类型企业文化没有清晰的认知。因此，大学生们与企业所期望的标准普遍还有很大的差距。

6.经历迷茫阶段

由于在就业过程中包含着很多未知和不可预测的因素，当代大学生对就业的认识并不清晰，他们往往会经历迷茫阶段。从学生的角度思考，他们的专业是确定的，但对于未来是从事本专业工作，还是与本专业有联系的工作，还是干脆与本专业完全无关的工作，他们还无法确定。同以往的大学生就业相比，如今的大学生在选择工作时，不会以“能否生存”作为最重要的影响因素，他们会考虑工作是否会更加舒适，是否会产生更大的利益，是否会为他们的前途发展搭建更好的跳板。他们的“就业难”和“迷茫”的情绪并不是找工作本身引起的，而是现实与理想之间的差距形成的。

五、家国情怀与就业的关系

1.中国古代文人士子在具体的职业上实现家国情怀理念

中国古代文人士子的家国情怀理念蕴含了“修身齐家治国平天下”的道德理想，反映了“先天下之忧而忧，后天下之乐而乐”的政治操守，表达了“为天地立心，为生民立命，为往圣继绝学，为万世开太平”的人生志向。中国古代文人士子无论是处在庙堂之高，还是身处沙场保家卫国，都是以一种具体的“职业”来承载、实现自身的家国情怀。因此，家国情怀不是抽象的口号，是需要个人通过具体的工作，敢于担当奉献，才能实现的。

2.中国当代先进模范都是在平凡的工作岗位上实现家国情怀

中华人民共和国成立以来，涌现出一批批先进模范的光荣事迹。“两弹一星”功勋们，以“热爱祖国、无私奉献，自力更生、艰苦奋斗，大力协同、勇于登攀”的家国情怀，在极其艰苦的环境中，用满腔热血和生命促进中国国防和航天事业飞速发展，取得名震中外的巨大成就。大庆石油工人王进喜，以“爱国、创业、求实、奉献”的家国情怀，对石油工业的开拓发展贡献重要的力量，在将中国特色社会主义伟大事业不断向前推进的道路上，“铁人精神”“大庆精神”等精神财富是不可或缺的。守岛英雄王继才作为“时代楷模”之一，将自己美好的青春时光贡献给我国海防事业，一直默默坚守和无私奉献，虽然身处平凡的岗位却谱写了不同凡响的华丽人生。还有“太行山上的新愚公”李保国，在太行山上35年，默默无闻，以毕生心血去扶助广大农民脱去“贫困帽”，真正践行无私奉献的价值观。干好伟大的事业就需要伟大的精神。中国当代的先进模范们在平凡的工作岗位上诠释了家国情怀的新时代内涵。

3.中国取得举世瞩目的科技成就是劳动人民在平凡的工作岗位上共同奉献的结晶

新世纪以来，我国取得了举世瞩目的科技成就。2000年，“北斗导航试验卫星”在西昌卫星发射中心成功发射，这是中国自主研发的首颗导航定位卫星，使得我国成为继美、俄之后，第三个拥有自主卫星导航系统的国家。2002年，中国科学院计算技术研究所研制出我国首枚高性能通用微处理芯片“龙芯1号”。2003年，航天员杨利伟乘“神舟五号”飞船成功升空，绕地球飞行14圈后安全着陆，我国首次载人航天飞行圆满成功。2007年，我国第一颗绕月探测卫星“嫦娥一号”发射成功，并进入预定地球轨道。2008年，我国自行研制的“神舟七号”载人飞船发射升空，我国实现首次太空行走。2012年，“辽宁舰”作为我国第一艘航空母舰根据计划在规定时间如期完成建设和试验试航工作，并郑重交付给我国海军。2016年，具有我国自主知识产权、世界最大单口径、最灵敏的射电望远镜落成启用，被誉为“中国天眼”，我国成为射电望远镜领域的领先者。2018年，被誉为“新世界七大奇迹”之一的港珠澳大桥正式通车运营，桥梁界的“珠穆朗玛峰”诞生。2019年，北京大兴国际机场正式投运，以“中国速度”创多项纪录。这些举世瞩目的科技成就和大国重器的诞生，都是千千万万个具有家国情怀的工作人员在平凡的工作岗位上共同奉献的结晶。

六、大学生厚植爱国情怀、端正就业观念的指南

1.择业要与坚定理想信念融合

习近平总书记在纪念五四运动100周年大会上的讲话中指出：“青年的理想信念关乎国家未来。青年理想远大、信念坚定，是一个国家、一个民族无坚不摧的前进动力。”当代青年学子在择业过程中坚定理想信念，要时刻牢记家国情怀，对家国拥有强烈的认同感、使命感、责任感以及归属感，这样才能主动到人民群众中去，把自身的专业知识和业务能力在青春的创新奉献中转化为实现中华民族伟大复兴的中国梦的磅礴之力。

2.择业要与担当时代责任融合

习近平总书记指出：“在实现中华民族伟大复兴的新征程上，应对重大挑战、抵御重大风险、克服重大阻力、解决重大矛盾，迫切需要迎难而上、挺身而出的担当精神。”在新时代，家国情怀的丰富内涵要求广大青年学子恪尽兴国之责，在择业工作中敢于探索尝试，勇于负重前行，明确地知道自己想干什么、要干什么、爱干什么，不能一味要求工作轻松、工资高、待遇好，要树立“先生存，再发展，先就业，后择业”的观念，切不可追求一步登天、做“啃老族”，要珍惜时代、担负时代使命，在担当中历练，在尽责中成长。

3.择业要与练就过硬本领融合

家国情怀不是抽象的，需要我们广大青年学子在具体的工作岗位上脚踏实地来展示。习近平总书记指出：“当今时代，知识更新不断加快，社会分工日益细化，新技术新模式新业态层出不穷。这既为青年施展才华、竞展风采提供了广阔舞台，也对青年能力素质提出了新的更高要求。”家国情怀的丰富内涵要求广大青年学子练就过硬本领，在择业工作前的大学学习中，珍惜韶华、不负青春，学好扎实的专业知识，不断提高综合素质，紧跟时代前进步伐，不断拓宽个人的知识面，广泛学习专业外的知识，从而实现“在工作中增长才干、练就本领，以真才实学服务人民，以创新创造贡献国家”的目标。

4.择业要与锤炼品德修为融合

家国情怀本身饱含奉献精神。为了国家好、民族好，奉献和牺牲有时在所难免。正是有了无数优秀儿女前仆后继、无怨无悔地付出、拼搏甚至牺牲，才有了辉煌灿烂的中华文明，才有了历经磨难却始终屹立在世界民族之林的伟大民族。习近平总书记指出：“人无德不立，品德是为人之本。止于至善，是中华民族始终不变的人格追求。”广大青年学子在择业工作中要锤炼品德修为，从“体察世间冷暖、民众忧乐、现实矛盾”中找到自身的就业定位，不断践行社会主义核心价值观，自觉抵制择业中的“拜金主义、享乐主义、极端个人主义、功利主义”等错误思想。

第二节　就业教育中的“工匠精神”思政元素融入

一、工匠精神的概念

工匠精神，是指社会中的工作者在从业过程中有关职业道德、职业能力、职业品质的综合体现，也是对从业者的职业价值取向和外在行为表现的综合反映。“工匠精神”作为职业精神的一种，包括敬业、精益、专注、创新等方面的内容。

敬业是社会从业者基于对职业的敬畏和热爱而展现出来的全身心投入和尽职尽责的职业精神。社会主义核心价值观的重要内容之一就是敬业，它也是中华民族的传统美德。在华夏文明中历来有“敬业乐群”及“忠于职守”的优良传统。孔子早在春秋时期就已提出“执事敬”“事思敬”“修己以敬”。“业精于勤，荒于嬉”“人勤春早”等名言警句等都彰显了中华民族勤劳敬业的精神。在新时代，我国注重弘扬爱国敬业的劳模精神，每年评选劳动模范，正是对社会从业者加强“敬业”引导的体现。

精益是指社会从业者在工作中对产品生产和工序质量都精益求精、追求极致的职业品质。正如老子所言，“天下大事，必作于细”。企业的发展，离不开企业员工精益求精的精神。众所周知，誉满天下的瑞士手表能够在世界畅销、成为经典，所依靠的就是每一位制表匠的精益求精的精神，他们对每一块手表、每一个小零件及每一道工序都能够做到专心雕琢、精心打磨。

专注是“大国工匠”必须具备的精神特质，反映了员工在工作中所展示的耐心、执着和坚持的精神。我国古代文献中记载了诸多“专注”做事的典故，譬如在《核舟记》中所记载的奇巧人王叔远用直径仅一寸的木头雕刻房屋、器皿、人物以及鸟兽、树木、山石，刻得各具情态、惟妙惟肖。在如今的新时代，我国也涌现了一批“术业有专攻”的劳动模范，如全国劳动模范方文墨创造了“0.003毫米加工公差”的“文墨精度”，成为“全国最好的钳工”。工匠精神就是坚持不懈、一心一意，甚至可以说是沉醉、着迷的一种精神状态，并与循规蹈矩、拘泥一格的“匠气”截然不同，其有着寻求突破、追逐创新的全新内涵。

创新就是员工在工作时要勇于寻求突破，体现追逐创新的全新内在活力。自改革开放以来，“中国第一、世界第二的充电电池制造商”王传福、“汉字激光照排系统之父”王选、从事高铁研制生产的铁路工人和从事特高压、智能电网研究运行的电力工人等，他们都是“工匠精神”的优秀传承者，正因为他们这些工作者的创新精神才让中国对世界产生了深远影响。

二、新时代工匠精神的内涵

党的十九大报告提出“建设知识型、技能型、创新型劳动者大军，弘扬劳模精神和工匠精神，营造劳动光荣的社会风尚和精益求精的敬业风气”。这里的“工匠精神”具有适应中国发展的新时代内涵。关于爱岗敬业的职业精神、精益求精的品质精神、协作共进的团队精神、追求卓越的创新精神所涉及的四方面内容则为新时代“工匠精神”的基本内涵。

1.爱岗敬业的职业精神是根本

纵观我国劳动模范的事迹，他们都是爱岗敬业的典范，在平凡的工作岗位上数十年如一日，兢兢业业，干出了一番业绩。爱岗敬业是对岗位的热爱、对业务的敬畏，集中体现了人们干一行、爱一行，热爱本职工作，钻一行、精一行，对待工作兢兢业业、认真负责的精神。

2.精益求精的品质精神是核心

精益求精，是指对待工作永远保持一种追求极致的精神。有的人之所以能够成为“工匠”，关键就在于其对自己所创造的每一个产品的品质追求，在这个制作过程中，他们不惜花费大量的时间和精力，将产品反复改进，并始终坚持“只有进行时，没有完成时，永远在路上”的理念，尽全力把产品的品质从99%提升到99.9%，甚至提升到99.99%。

3.协作共进的团队精神是要义

与传统工匠不同，新时代工匠尤其是产业工人的生产场地已不再是手工作坊，而是机器工厂，工匠们从事的工作不是产品生产的全部工序，只是承担众多工序中的一小部分或者一个工序。例如，航母、军舰、高速列车等，需要成千上万道工序，单凭个体的工匠是不可能完成的，必须由整个企业的团队协作才能完成。“协作”，顾名思义就是在一个团队中，成员们进行分工合作；“共进”则是团队成员们要相互帮助、共同努力、共同进步。故而，现代“工匠精神”的要义就是“协作共进的团队精神”。

4.追求卓越的创新精神是灵魂

和“协作共进的团队精神”一样，“追求卓越的创新精神”也是新时代“工匠精神”的内涵之一，甚至是新时代“工匠精神”的灵魂。提起“工匠精神”，人们通常认为是一种精神继承，新时代的“工匠精神”与传统的工匠精神不同，着重强调要在继承的基础上进行全面创新。创新是要取其精华、去其糟粕，故而要在继承的基础之上进行创新，这样才足以紧跟时代的步伐，促进产品的更新换代，以满足新时代的社会发展及人们日益增长的对美好生活的需求。因此，衡量一个当之无愧的新时代“工匠”的极其重要的标准就是“追求卓越的创新精神”。

三、工匠精神的现实意义

于国，工匠是重器；于家，工匠是栋梁；于人，工匠是楷模。在新时代，在天问追星、嫦娥揽月、北斗组网、蛟龙潜海、量子通信等一系列科创新高度中，大到月球车的电机，小至火星探测器的齿轮，皆出自我国工匠之手。实现中华民族伟大复兴的中国梦，不仅需要科技专家的精心研究，也需要成千上万的能工巧匠。当前，我国正处于向工业强国迈进的关键转折阶段，倡导培育和大力弘扬工匠精神会对我国建设成制造强国产生深远影响。一旦从业者对我国新时代的“工匠精神”的基本内涵和精神要义达成共识，真正做到树匠心、育匠人，便会促使中国制造的品质革命取得卓越成就。

工匠精神的实践意义有两个方面：一方面，践行工匠精神能够引导广大青年学生树立正确的世界观、人生观、价值观；另一方面，工匠精神以其独特而有效的实践方式，促进青年学生的自身发展，帮助其实现人生目标。

第一，工匠精神能够引导学生循美致善。工匠精神所倡导的对善的修养，都体现在朴素的日常工作中。工匠精神实践的本质是道德实践，最好的作品也以“至美至善”为标准。因此，工匠所完成的作品广泛具有美学上的意义，工匠精神在创造美的过程中，体现了对善孜孜不倦的追寻。

第二，工匠精神能够引导学生精技求道。工匠们精益求精的技术精神，不仅仅是创造技术辉煌的意志体现，更成为他们安身立命的根本，在强调技艺精湛的同时，又从不同侧面把处世之道和人生哲学传达给人们。当工匠的技艺已经炉火纯青之时，精神也同时进入了自由的境界。因此，工匠精神对技艺和作品精益求精的追求，最终成为匠人们自身行为符合“道”的一种途径。

第三，工匠精神能够引导学生授艺传德。工匠精神的传承，依靠言传身教，无法以文字记录或以程序指引，它体现了师徒制度与家族文化的历史价值。工匠精神的养成在历经接受、学习、反应、价值、信奉、普遍化后成为群体潜意识，再凝聚成一种民族性格。培育和弘扬工匠精神，对于推动我国从制造业大国向制造业强国迈进具有十分重要的意义。

四、领悟工匠精神，指导职业发展

任何一种工作职责本质上都与该职业的工匠精神一脉相承。领悟工匠精神的要义是大学生做好职业发展的第一步。

1.怀“匠”心，在职业发展中坚持科技创新

匠心，即能工巧匠之心，其本质就是时代发展所需的创新之心，同时也指精巧、精妙的心思。素有匠心独运或独具匠心等成语，指的就是拥有这样一颗灵明独到之心。工匠精神的首位要素指的就是匠心，其是工匠精神的核心价值体现和灵魂。由于心是人类精神之宅、智慧之府、载体之本，古人也极其重视——“运用之妙，存乎一心”。由此可得，心便是主宰。同理反之，一旦失去匠心，工匠就会沦为一代庸匠，工匠精神也随之贬值，大打折扣，沦落为低阶的、微不足道的存在。由此可知匠心之重，故而工匠精神的首要任务就是时刻培育当代学生满怀匠心，铸就匠意、匠思、匠智，进而让当代学生更好地将创新精神及创新品格学以致用。

怀“匠”心，就是在职业发展中坚持科技创新，就是要培养终身学习的习惯。我们一直追求“活到老，学到老”的观念，也意识到通过不断学习可以适应自己职业的重要性，但最为关键的是对终身学习进行有效合理的规划，将终身学习的理念与实际行动相结合，形成终身学习的好习惯。高效率的学习规划理应包含以下原则：

第一，规划好人生的美好蓝图。倘若一个人对未来的自己毫无规划、毫无目标，那么他也一定也不清楚自己未来要学习什么、如何去学。

第二，要懂得激励自我。人生的赛跑是一生长跑，永不停歇。人一生学习与短暂学习区别显著，这更是对人的意志力和持久性的考验。因此，制定一系列可以激励自我的方法将会成为鞭策自身终身学习的帮手。

第三，要了解自身弱势。终身学习，不仅仅是学习知识，更是要学习怎样才能在职场和社会中更好地生存，所以一定要认清自己在工作中存在的各种不足之处，才能有针对性地进行深造学习，发挥自己的最大潜能，将自己的不足之处转换为优势。

第四，要注重个人阅历和观摩。区别于学生时代的学习，终身学习更加重视的是个人阅历是否增加、视野是否拓宽、是否注重实践历练。与此同时，在终身学习的过程中要寻求同道之人，树立自己的榜样。“独学而无友，则孤陋而寡闻”，学习之路不仅仅是一个人孤芳自赏，更关键之处是要学会与身边的人有效沟通，进行交流，并要虚心向成功的前辈请教经验，学会观摩，这样才能高效率地学到真正的本领。

2.铸“匠”魂，在职业发展中坚守职业道德

何为工匠之魂？是德，是人的品德、品行、品格。德是工匠精神的支柱。司马光在《资治通鉴》中写到：“才者，德之资也；德者，才之帅也。”人因德而立，德因魂而高。德，不仅是工匠精神的统领，也是工匠精神的根本，更可以说是工匠精神的内涵及灵魂。故而，培养工匠精神的第一步就是要铸匠魂、立匠德。人一旦拥

有德之魂，便能够立世生存、行之久远。康德也曾说过："德性就是力量。"相反，一个人一旦失去德之魂，便只能是简单的躯壳和皮囊。由此可见，新时代高等教育一定要重视劳模精神与工匠精神，并将二者相结合，进而培养学生形成良好的职业道德、职业精神、职业素养，践行立德树人的"育人铸魂"工程。在教学中要大量搜索有关育人效应的工匠、大师等劳模们的优秀案例，将其纳入到我国德育课堂中，促使学生们眼中有衡量标杆、心中有榜样，未来可以追寻大师的脚步成为拥有德技的人。

要铸"匠"魂，在职业发展中坚守职业道德，就要引导大学生适时进行自我评价，做好毕业后的职业生涯规划。在职业生涯规划过程中，适时进行自我评价是一个重要内容。在日常生活中我们可以观察到，虽然有诸多大学生在毕业前对其未来的职业生涯已经作出较为详细的规划，但一旦他们进入职场中，就只是跟着感觉走，结果可想而知。这与他们最初心中所规划的职业生涯道路截然不同，最后任其漫无目的地发展。由此可见，如果能够在自己的职业生涯中依据实际情况适时调整，进行合理的评价规划，或将自己最初的规划目标进行调整，那么职业生涯便不再是盲目的，而是会有条不紊地发展。

职业发展如同人生道路一般不会一成不变，在获取成功的过程中，不是简单地去实现自己最初的规划，而是要顺应时代和职业的发展需要，时刻学会灵活变动，最终取得卓越成就。在职业发展的艰难道路中，会出现诸多阻碍因素，可能会导致职业生涯发生改变，又或者需要重新选择，其中有个体的主客观因素，也有当今社会和职业的客观因素，如一个人的兴趣志向产生变化、选择继续深造而发生变动、家庭环境变化、工作环境改变等。此时，我们就要清楚最初的职业生涯规划已不再合理，要及时进行相关调整和修改。这种调整亦是对最初的职业规划的改变，或是对职业进行一次重新选择，或是对阶梯目标进行修正，或是对实施措施进行变更等。

关于调整职业生涯规划，要注意将个人意向与环境需求相结合而作出最终决定。值得注意的是，在调整时应遵循法则，首要任务是对计划进行修正而不是对目标作出改变；如果修正计划无效，就要对目标达成的时间进行修改；如果通过改变时间也不可实现最终目的，则说明目标不切实际，要依据实际情况重新设定一个合理目标。不管采取什么样的调整方式，反复不断地修正目标的最终目的只有一个，那就是寻找一条更符合自身情况、更合理的职业成功之路。

3.守"匠"情，在职业发展中发扬家国情怀

匠情之情是情怀之意，是人们对事物怀有的或投射在事物之上的积极、崇高、富有正能量的情感与态度的总和。守匠情，即怀有和坚守工匠情怀，这种情怀内在地包含了人的价值取向和职业态度，是工匠精神的重要组成部分。工匠情怀包括热爱情怀、敬畏情怀、家国情怀、担当情怀、卓越情怀等。这些情怀在大国工匠、非遗大师身上都有突出的体现。

培养学生的工匠精神，就是要培养他们崇高的家国情怀、对职业的敬畏情怀、

负责的担当情怀、精益的卓越情怀，学习大国工匠身上的这些优秀品质，树立正确的价值观和职业态度，这样才能真正得大师真传、汲精神滋养，将自己磨砺锻造成“大写”的人。

4.践“匠”行，在职业发展中努力躬身践行

匠行是指每一位工匠者在做事时的行为和行动体现。培育工匠精神的重中之重是要真抓实做、大力践行，而不是为了去蹭热点、追时尚及贴标签才一时兴起。匠行，基于中华民族悠久的历史文化内涵而生，践匠行的首要任务就是要清晰明确匠行的行为特征：执着、精技、崇德、求新等。践行匠行会创造出奇迹般的优秀作品：高凤林的火箭发动机焊接技术让人赞叹不已，精确度可控制到头发丝的五十分之一；在30平方米斗室蜗居30年的大飞机首席钳工胡双钱虽生活艰窘，却创造出十万个飞机零件无次品的奇迹。这就是匠行的真髓、真谛、真义。要依据如此准则和标准去培养当代学生的工匠精神，培养学生脚踏实地、一步一个脚印地专注做事的精神，培养学生精益求精、努力追求卓越的境界，培养学生尊道重德、无私敬业的优良品格。如此培养的学生，才能成为深受欢迎的德润身、技立世、品高端的新时代人才。

践匠行，就是在职业发展中努力躬身践行，做好时间规划。要做好时间规划，就必定要采取一些策略，其首要任务就是设定一系列时间使用标准，管理好每天的时间，并对每件事情都做好充分计划。其次，要在一天的事情中寻找最重要的事情。有研究者提出，真正重要的有意义的事情只占所有使用时间中的20%，而剩余的80%的时间往往都用在了一些次要的琐事上。因此，若想将自己的时间有效管理并利用，就要分清主次，划分出那些极其重要的事情尽快去完成，而那些次要的事情可以不用花那么多时间。最后，便是要寻找正确的做事顺序，即最先做重要而紧急的事，其次是重要但不紧急的事，再次是紧急但不重要的事，最后是不紧急且不重要的事。

第三节　就业教育中的“优秀文化”思政元素融入

一、中华优秀传统文化的内涵

习近平总书记在党的十九大报告中指出：“文化是一个国家、一个民族的灵魂。文化兴国运兴，文化强民族强。”文化对于国家的兴旺发达和民族振兴具有重要作用。习近平总书记在党的二十大报告中指出：“我们要坚持马克思主义在意识形态领域指导地位的根本制度，坚持为人民服务、为社会主义服务，坚持百花齐放、百家争鸣，坚持创造性转化、创新性发展，以社会主义核心价值观为引领，发展社会主义先进文化，弘扬革命文化，传承中华优秀传统文化，满足人民日益增长的精神文化需求，巩固全党全国各族人民团结奋斗的共同思想基础，不断提升国家文化软实力和中华文化影响力。”文化是实现中华民族伟大复兴的精神力量。

中华优秀传统文化是中华民族长期以来形成的民族精神、民族信念和民族力量的集体体现。中华优秀传统文化不仅是中华民族的“根”和“魂”，而且是中华民族的血脉和民族精神的标识，更是社会主义核心价值观的思想渊源。中华优秀传统文化博大精深，其主要内容包含“讲仁爱、重民本、守诚信、崇正义、尚和合、求大同”的核心思想理念，“自强不息、敬业乐群、扶正扬善、扶危济困、见义勇为、孝老爱亲”的中华传统美德，“求同存异、和而不同”的处世方法，“文以载道、文以化人”的教化思想，“形神兼备、情景交融”的美学追求，“俭约自守、中和泰和”的生活理念。

二、充分认识中华优秀传统文化的重要作用

加强中华优秀传统文化教育具有重大的现实意义和长远的战略意义。

1.中华优秀传统文化是中华民族的“根”与“魂”

在5 000多年的华夏文明发展进程中，中华民族创造了璀璨的优秀文化。中华优秀传统文化奠定了中华民族安身立命的基础，滋养了中华民族永续繁衍的血脉，铸成了中华民族绵延不绝的“根”与“魂”。中华优秀传统文化不仅是中华儿女世代积淀形成的世界观、人生观、价值观、审美观等的集中体现，更是中华民族最基本的文化基因。加强中华优秀传统文化教育，关系中华民族的“根”之所系与“魂”之所牵。

2.中华优秀传统文化是中华民族精神的标识与源泉

中华文明历史悠久，彰显了中华民族自强不息的精神力量，诠释了中华儿女共同的精神基因。中华文化源远流长，积淀着中华民族最深层的精神追求，代表着中华民族独特的精神标识，为中华民族生生不息、发展壮大提供了丰厚滋养。

习近平总书记在第十二届全国人民代表大会第一次会议上指出：“中华民族具有5 000多年连绵不断的文明历史，创造了博大精深的中华文化，为人类文明进步作出了不可磨灭的贡献。经过几千年的沧桑岁月，把我国56个民族、13亿多人紧紧凝聚在一起的，是我们共同经历的非凡奋斗，是我们共同创造的美好家园，是我们共同培育的民族精神，而贯穿其中的、更重要的是我们共同坚守的理想信念。”加强中华优秀传统文化教育，关系中华民族共同坚守的理想信念。

3.中华优秀传统文化是中华民族文化自信的根基

中华优秀传统文化是中华民族文化软实力的厚重体现，也是中华民族文化发展的母体，一直以来积淀着中华民族最深沉的精神追求。习近平总书记在哲学社会科学工作座谈会上的讲话中指出：“我们说要坚定中国特色社会主义道路自信、理论自信、制度自信，说到底是要坚定文化自信。文化自信是更基本、更深沉、更持久的力量。”在新时代，加强中华优秀传统文化教育，是对中华优秀传统文化价值的充分肯定与积极践行，也是对中华优秀传统文化生命力的充分赓续。

4.中华优秀传统文化是实现中国式现代化的重要保证

任何国家的发展，都离不开自身文化传统和价值观的引领。要实现中国式现代化，不仅要推进物质的现代化、社会结构和生活关系的现代化，而且要推进人的现代化。当前，全国各地大中小学积极开展中华优秀传统文化教育，并以此为根基引导大中小学生积极学习和践行社会主义核心价值观，对于推进中国特色社会主义事业必将产生深远的影响。

5. 中华优秀传统文化是构建人类命运共同体的重要助力

中华优秀传统文化中“天人合一”的哲学思想、“和而不同”的文化理念、“协和万邦”“万国咸宁”“天下为公”“天下大同”的政治愿景，与推动建设以相互尊重、公平公正、合作共赢为核心的新型国际关系进而构建人类命运共同体有着密切的内在联系。

三、当前大学生择业心理失常现象分析

1. 焦虑心理

焦虑是由挫折引起的一种复杂的情绪反应，主要表现为不安、烦躁、忧虑等。大学毕业生产生焦虑情绪主要是事业前景的不可预测所致。例如，面对择业目标多元化、职业选择自由度扩大、竞争风险加剧、工作地点不确定，许多毕业生感到无所适从，心理压力增加，从而产生焦虑情绪，而焦虑情绪会引发一些不良的心理反应甚至心理疾病，严重时会导致毕业生产生择业恐惧，个别毕业生甚至会出现极端行为。

2. 自卑心理

自卑心理是大学毕业生在择业过程中比较常见的心理状态之一，自我意识发展不健全的毕业生容易产生自卑心理。自卑感产生的原因很多，虽然有生理、环境、家庭或社会等因素造成的，但最重要的还是主观心理因素造成的。毕业生在择业过程中受到暂时性挫折或求职屡次受挫后，可能产生不同程度的自卑心理。有自卑心理的毕业生在择业过程中可能觉得自己处处不如人，缺乏自信，不敢面对现状，不敢参与竞争。过度的自卑，还会使毕业生精神不振，产生沮丧、失望、孤寂等不良心理。

3. 怯懦心理

怯懦是一种退缩的心理，主要表现为一些大学毕业生在择业的过程中过于小心谨慎，瞻前顾后，顾虑重重。怯懦心理在毕业生面试中表现尤为明显。比如，面试前，如临大敌，紧张不安，手忙脚乱；面试中，面红耳赤，语无伦次，答非所问，精心准备的腹稿在情急之下被忘得一干二净。有的毕业生谨小慎微，生怕会因说错一句话或一个问题回答不好而影响用人单位对自己的“第一印象”，以致缩手缩脚，影响了自己的正常发挥。究其原因，有以下三种可能：一是性格内向，不善于与人交流；二是缺乏必要的人际交往技能，不懂得如何充分表达自己；三是过于想表现自己，因而担心失败，怕给用人单位留下不好的印象。很多时候，怯懦和自卑是同时出现的。

4. 自负心理

产生自负心理的根源在于部分大学毕业生不能正确认识自己，在择业时高估自己的能力，职业期望过高，把自己的愿望和社会需要割裂开来。此类毕业生常常带有理想化的倾向，表现在行为上往往是固执己见或自命不凡。这种过高的自我肯定，实际上是好高骛远，缺乏自知之明。当理想脱离现实时，此类毕业生就很容易出现情绪一落千丈甚至一蹶不振的情形，或者产生自卑、自责、失落、烦躁等心理现象。

5. 盲目心理

在择业过程中，有不少学生存在着盲从心理，其特点是缺乏自主性和竞争意识，不顾主观条件和客观现实，跟着感觉走，盲目从众。持有这种心理的毕业生，往往是一些依赖性较强的人，只顾在择业现场寻找热门职业，而不考虑自己的能力和现状，甚至不会扬长避短。相关调查显示，一些毕业生对自己要从事的行业、适合自己的岗位没有明确的定位，缺乏主见，人云亦云，见别人都去往大城市、政府机关、大型企业，自己也跟着往里挤。

6. 观望心理

观望心理是指大学生在求职择业中等待观望，没有主动性，把希望寄托在日后招聘的用人单位上。当代大学生多是独生子女，从上小学到大学毕业，学习之外的事情大多由父母包揽，心理承受能力可能不强，甚至养成依赖心理，做事缺乏主动性和独立性，即使在择业方面也不例外。这些大学生不是积极主动、千方百计“推销”自己，而是一味地等着家里亲戚、朋友帮忙推荐，或者等学校帮忙落实就业单位。由于缺乏把握时机、创造机会的主动性，这些大学生最终很可能在择业中处于劣势，错失宝贵的就业机会。

四、中华优秀传统文化与大学生择业心理的关系

中华优秀传统文化是中华民族的精神命脉，是促使大学生养成正确择业心理的重要资源。中华优秀传统文化中蕴含的“仁义”“和合”等思想和“天人合一，道法自然”的生命境界，能够引导大学生在择业过程中减轻心理压力，减少“患得患失”的心理。中华优秀传统文化中承载的“大道之行也，天下为公”的社会理想和“天下兴亡，匹夫有责”的爱国理念，能够引导大学生在求职过程中将自身的求职目标与国家、民族和社会的发展紧密相联，减少求职过程中可能产生的“拜金主义、功利主义”心理。中华优秀传统文化中“革故鼎新，与时俱进”的改革精神、“天行健，君子以自强不息”的奋进精神、“言必信，行必果”的行为规范、“正心诚意，修齐治平”的心性修养，都能够指导大学生在求职过程中关注社会创新发展，提升自信，树立诚信意识。

总之，中华优秀传统文化既蕴含了引导大学生树立正确择业观的精神资源，又蕴含了引导大学生在择业时进行心理调适的方法资源。

五、吸收中华优秀传统文化精髓，树立正确择业心理

中华优秀传统文化是中华民族经历五千年流传下来的智慧和结晶，拥有丰富的精神内涵，积极借鉴其中的优秀精华，对于改变毕业生就业中出现的一些不良现象从而提升毕业生就业能力具有重要意义。

1. 讲求奉献，在择业中融入报效祖国的精神

中华优秀传统文化中的“己欲立而立人，己欲达而达人”“穷则独善其身，达则兼善天下”“天下兴亡，匹夫有责”“苟利国家生死以，岂因祸福避趋之”等报效祖国、为民族奉献的精神，对于毕业生在就业时树立正确的择业观念、合理定位职业生涯规划无疑具有重要的促进作用。在高校的就业指导课程中，教师应该时刻引导大学生在求职中思考自身选择的职业是否实现了个人价值与他人价值、社会价值的有机结合，是否将个人利益与奉献社会、报效祖国结合起来。

2. 追求自强，在择业中养成百折不挠的精神

中华优秀传统文化中历来不缺自强不息、艰苦奋斗的精神，孔子的“其为人也，学道不倦，诲人不厌，发愤忘食，乐以忘忧，不知老之将至”，孟子的“富贵不能淫，贫贱不能移，威武不能屈”，《周易》的“天行健，君子以自强不息；地势坤，君子以厚德载物”等文化精髓中都有所体现。要将中华优秀传统文化融入高校就业指导课程，对大学生讲清楚中华优秀传统文化中自强不息、艰苦奋斗的精神，引导青年学子在求职过程中树立“大丈夫精神”，不能因求职遇到心仪的工作而沾沾自喜，也不能因求职屡屡被拒之门外而怨天尤人。要引导广大青年学子养成刚毅坚卓、发愤图强的优良品质，拥有不畏艰难、积极乐观的心态，以克服求职过程中遇到的困难。

3. 彰显敬业，在择业中养成脚踏实地的精神

孔子的“执事敬、事思敬、修己以敬”，韩愈的“业精于勤，荒于嬉；行成于思，毁于随”，老子的“合抱之木，生于毫末；九层之台，起于累土；千里之行，始于足下”，都说明中华优秀传统文化中蕴含了“敬业乐群”“忠于职守”“辛勤积累”的精神。在高校的就业指导课程中，教师要引导青年学子认真对待求职的每个细节，无论是简历制作还是衣着礼仪都可能成为企业判断一个人未来是否敬业的基本标准；要引导青年学子深刻了解事业成功的原因和规律，知晓成功不是一朝一夕的事情，要从一点一滴做起；要引导毕业生秉持脚踏实地、兢兢业业的精神，这样方可找到一份满意的工作，开拓出属于自己的一片天地。

4. 注重诚信，在择业中养成仁德真诚的精神

中华优秀传统文化中关于诚信的经典论述不胜枚举。孔子说：“人而无信，不知其可也。”孔子认为，缺乏信用的人难以在社会上立足，无法取得他人的信任和支持。孟子说：“反身而诚，乐莫大焉。”孟子认为，只有不断地反省自己，达到诚实无欺的境界，才能获得最大的快乐。荀子说：“君子养心莫善于诚，致诚则无它事矣，唯仁之为守，唯义之为行。”荀子指出，培养高尚的人格，最重要的就是真诚、奉守仁德。这些思想观念要求毕业生无论是在求职材料的准备上还是在日常的言语和行动上都要坚守诚信、实事求是、保持真诚，这样才能获得用人单位的认可并最终走向成功。

总之，中华优秀传统文化对于高校毕业生在求职过程中树立信心、超越自我、提升创业就业能力等方面发挥着重要作用。

第四节 就业教育中的“法治精神”思政元素融入

一、法治精神的内涵

法治精神是指社会中追求法律至上、公平正义、保障人权、权力制约等价值的总和。法治精神是人类在建设法治社会过程中对自身秩序的认识、寻求自身的发展与完善、满足自身的需要过程中形成的，规范、指导和约束着人类自身的各种活动和行为。

二、法治精神融入大学生就业教育的重要意义

1. 提升大学生诚信意识

大学生在求职就业过程中，在与企业达成就业意向前，需要准备简历和各种佐证材料。在一些大学生的求职简历中，获奖情况、荣誉称号、专业学习成绩排名和能力资格证书等材料存在造假情况，违背诚信原则，结果是不仅自身错失就业机会，而且对高校声誉造成负面影响。因此，在大学生就业指导教育中融入法治精神教育，提升大学生诚信意识，是推进新时代高校人才培养工作的重要要求。

2. 加强大学生就业权利保护

大学生在与用人单位达成就业意向、签订三方协议、履行就业合同的过程中，有时需要维护自身就业权利。高校要在大学生就业指导教育中开展法治精神教育，引导大学生明晰自身拥有的接受就业指导权、获取就业信息权、就业被推荐权、就业知情权、就业选择权、平等待遇权、解除就业协议权、就业申诉权、就业求偿权等基本权利，切实加强大学生就业权利保护。

3. 培养大学生法治精神

大学生毕业后进入社会，将会成为各行各业的中坚力量。一个国家大学生法治精神的培育水平，对这个国家的法治建设水平有较大的影响。因此，在大学生就业指导教育中开展法治精神教育，培育大学生法治精神，也是推动全面依法治国的有效措施。

三、法治精神下的大学生就业权利与义务分析

1. 大学生享有的就业权利

大学生享有的基本就业权利受到《中华人民共和国宪法》（以下简称《宪法》）、《中华人民共和国劳动法》（以下简称《劳动法》）、《中华人民共和国高等教育法》等法律法规和《普通高等学校毕业生就业工作暂行规定》等规章中的有关规定的保护。大学生享有的就业权利主要有：

（1）接受就业指导权

大学生在高校中享有关于接受就业指导的所有权利。具体而言，对于高校毕业生就业问题，大学生有权了解有关方针政策，有权接受高校关于毕业生择业技巧的指导，有权结合个人实际合理择业。

（2）获取就业信息权

就业信息获取对大学生就业具有关键作用，大学生有权获得及时、全面的就业

信息。大学生在求职就业过程中有权获得用人单位发布的招聘信息，而用人单位发布的招聘信息也应当对全体毕业生全方位公开。

（3）就业被推荐权

就业推荐在大学生求职过程中具有重要作用。高校对毕业生具有就业推荐的义务，毕业生享有如实、择优和公正被推荐的权利。

（4）就业知情权

全体高校毕业生在寻求就业岗位时，有权了解用人单位的情况，例如工作保障状况、薪资福利待遇、工作职责等。

（5）就业选择权

根据国家相关规定，高校大学生在求职就业过程中具有自主择业的权利。包括高校在内的任何单位和个人不得干预毕业生自主就业。

（6）平等待遇权

企事业单位在招聘过程中要遵循公开、公平、公正的原则。根据《劳动法》的规定，劳动者就业，不因民族、种族、性别、宗教信仰不同而受歧视。

（7）解除就业协议权

根据《劳动法》的规定，大学生在签订劳动合同之后，有下列情形之一的，可以随时通知用人单位解除劳动合同：①在试用期内的；②用人单位以暴力、威胁或者非法限制人身自由的手段强迫劳动的；③用人单位未按照劳动合同约定支付劳动报酬或者提供劳动条件的。

（8）就业申诉权

根据《劳动法》的相关规定，大学生与用人单位发生劳动争议，可以依法申请调解、仲裁、提起诉讼，也可以协商解决。

（9）就业求偿权

根据《劳动法》和《劳动合同法》的相关规定，劳动者拥有要求违约方承担违约责任和赔偿责任的权利。

2. 大学生应当履行的义务

大学生在享有就业权利的同时，也要履行相应的义务。大学生在求职过程中应当履行的义务主要有：

（1）服务国家需要

大学毕业生作为国家培养的栋梁之材，应该服从国家需要。例如，大学生应积极报名参军、参加大学生志愿服务西部计划、“三支一扶”项目等，敢于担当，在服务国家需要的过程中实现人生价值。

（2）向用人单位实事求是介绍个人情况

毕业生的求职简历要实事求是，不得有夸大成分和虚假信息；在参加面试进行自我介绍或接受实际考察时，应该根据自身实际情况进行全方位阐述，切忌言过其实、华而不实。

（3）配合用人单位进行相关测试及审核

通常来说，用人单位在笔试和面试等环节会进行一些心理测试和基本知识测试，大学生求职者应该积极配合完成这些工作。

（4）严格按照就业协议及其他约定履行相应的义务

根据民法的相关规定，毕业生在签订三方协议和劳动合同后，要按照协议和合同条款履行相应的义务。毕业生倘若单方面违约，就要自觉承担相关违约责任。

（5）根据岗位职责完成自身工作

大学生在就业后，要按照劳动合同的规定，积极履行岗位职责，牢记工作使命，一丝不苟地完成用人单位布置的工作任务。

（6）注重不断提升职业技能

大学生在就业后，要树立终身学习的发展理念，在工作实践中不断提升职业技能。

四、就业协议及相关法律问题

1. 全国普通高校毕业生就业协议书

全国普通高校毕业生就业协议书是指由毕业生、用人单位、学校三方签订的，用于明确毕业生就业权利与义务，明确毕业生、用人单位、学校三方之间权利与义务关系的法律文书。全国普通高校毕业生就业协议书具有法律效力，用人单位和毕业生任何一方违约，都要承担违约责任。另外，全国普通高校毕业生就业协议书也是毕业生办理就业手续的主要依据。

2. 就业协议的主要内容

全国普通高校毕业生就业协议书的主要内容包含毕业生的情况及应聘意见、用人单位的情况及接收意见、用人单位对毕业生的约定和毕业生对用人单位的约定、签约各方共同遵守的规定、毕业生应遵守的规定、用人单位应遵守的规定、对学校的要求、履约和违约责任等主要条款。全国普通高校毕业生就业协议书一式四份，由毕业生、用人单位、学校、省毕业生就业主管部门各执一份。

3. 签订就业协议的注意事项

全国普通高校毕业生就业协议书对用人单位、高校和毕业生都具有约束力。毕业生应当在认真了解和掌握国家、省（市）级、地（市）级有关就业的相关政策和法律规定的基础上，慎重签订就业协议。在签订就业协议前，毕业生要仔细阅读协议内容，学会运用协议条款维护自身合法权益。

4. 就业协议争议解决

在实践工作中，针对就业协议违约情况需要区别对待。对于毕业生的违约情况，要教育引导毕业生认识到自身的违约会对用人单位招聘工作中人力、物力、财力和时间的投入造成损失，也会对高校与用人单位长期就业合作关系产生负面影响，故而毕业生自身应承担相关违约责任。而对于用人单位的违约情况，要教育引导毕业生懂得维护自身就业相关的所有权益，如果用人单位违约，毕业生应行使自身求偿权。

倘若就业协议存在争议，用人单位和毕业生应第一时间协商解决，同时，学校也要积极调解，如若调解失败，毕业生可以在法定期限内直接向有管辖权的人民法院起诉，由法院依法裁决。

五、劳动合同及相关法律问题

1. 劳动合同的含义和种类

《中华人民共和国劳动合同法》（以下简称《劳动合同法》）及《中华人民共和国劳动合同法实施条例》（以下简称《劳动合同法实施条例》）对劳动合同的订立、履行、变更、解除、终止和违约责任等进行了明确的规定。

劳动合同，是由劳动者与用人单位之间确立、变更和终止劳动权利和义务的协议。

根据《劳动合同法》的规定，劳动合同分为固定期限劳动合同、无固定期限劳动合同和以完成一定工作任务为期限的劳动合同。

2. 劳动合同的相关条款

何为劳动合同条款？劳动合同条款通常是指由用人单位与劳动者双方协商确立的有关各自的权利及义务所涉及的具体内容的相关条款。劳动合同条款可分为两类，分别为法定必备条款和约定必备条款。

（1）法定必备条款

根据《劳动合同法》的规定，劳动合同应当具备以下条款：用人单位的名称、住所和法定代表人或者主要负责人；劳动者的姓名、住址和居民身份证或者其他有效身份证件号码；劳动合同期限；工作内容和工作地点；工作时间和休息休假；劳动报酬；社会保险；劳动保护、劳动条件和职业危害防护；法律、法规规定应当纳入劳动合同的其他事项。

（2）约定必备条款

根据《劳动合同法》的规定，劳动合同除上述规定的必备条款外，用人单位与劳动者可以约定试用期、培训、保守秘密、补充保险和福利待遇等其他事项。

3. 劳动合同与就业协议的异同

高校毕业生在面临择业或就业时，会与用人单位先后签订就业协议和劳动合同，两者既有联系又有区别。

（1）两者的相同点

毕业生与用人单位签订的就业协议与劳动合同都具有法律效力，受我国有关法律的保护，任何一方违约都必须承担违约责任。

（2）两者的不同点

①主体范围不同。就业协议特指毕业生与用人单位双方签订的有关工作的协议；而劳动合同则无此限制，既可以是高校毕业生同用人单位签订的合同，也可以是其他劳动者同用人单位签订的合同。

②内容不同。就业协议是确定用人单位录用毕业生的书面协议，体现了双向选择的结果；劳动合同是明确劳动者与用人单位之间具有权利和义务的书面协议，一

些具体条款应当体现在合同里。

③签订时间不同。大学毕业生没有到用人单位报到前还不是法律意义上的劳动者，只能同用人单位签订就业协议；大学毕业生到用人单位正式报到后，应以一名劳动者的身份同用人单位签订劳动合同。由此可见，首先是签订就业协议，其次才是签订劳动合同。需要注意的是，在大学毕业生到用人单位报到后，个别用人单位以签订了就业协议为由拒绝与大学毕业生签订劳动合同，这是没有法律依据的。大学毕业生应明确，只要签订了就业协议，毕业生与用人单位的事实劳动关系就已经确立，可以据此维护自己的权利。

④法律适用、争议处理方式不同。就业协议是普通民事合同，受《中华人民共和国民法典》等民事法律的调整；劳动合同则受《劳动法》《劳动合同法》等劳动法律的调整。

⑤法律效力时段不同。通常来说，就业协议的时效是起始于双方签订协议当日，终止于毕业生到用人单位报到并正式被接收后；劳动合同则是在合同约定期限内有效。当然，大学毕业生在签订劳动合同时，原就业协议中约定的岗位、工资待遇等，应作为签订劳动合同的依据。若就同一事项，劳动合同与就业协议不一致的，以后签订的合同、最新的意思表示为准。

⑥违约金范围不同。就业协议在不违反法律规定的情况下可自由约定违约金；劳动合同的违约金仅适用于违反服务期约定和违反竞业限制两种情况。

（3）案例：就业协议不是劳动合同

2021 年 5 月 20 日，即将毕业的大学生小王与某企业及学校签订就业协议，并约定违约金为 0.5 万元。同年 8 月 1 日，小王被派遣到该企业在青岛的子公司工作，之后双方签订了为期 3 年的劳动合同。2023 年 9 月 30 日，小王提出辞职。在青岛子公司要求下，他支付了 0.5 万元违约金。此后，小王将该企业和青岛子公司告上法庭，认为就业协议是自己与该企业签订的，青岛子公司无权按照该协议向他收取违约金，因此要求退还这笔违约金。

法庭上，该企业称，小王提前离职违反了就业协议，理应支付违约金，青岛子公司代母公司收取违约金并无不当，要求驳回小王的诉请。

法院审理后认为，高校毕业生在签订劳动合同前无须缴纳社会保险，不纳入失业登记，不享受失业救济，因此不具有劳动法上劳动者的主体身份；毕业生就业协议并非劳动合同，而是一般的民事协议，应适用《中华人民共和国民法典》而非《劳动法》。

法院认为，就业协议的功能在于确保协议一方当事人按照协议到约定地点工作。本案中，小王入职后，该企业将他派遣到青岛子公司工作，因此小王与该企业之间的协议已履行完毕。此后，该企业再要求小王依照协议支付违约金缺乏依据。

通过劳动合同与就业协议的区别可以看出，就业协议与劳动合同有着很大的不同。由于种种原因，有些毕业生到用人单位报到后没有及时与用人单位签订劳动合同，以致出现诸多争议和纠纷。当发现实际工作情况与用人单位的招聘宣传差距太大，致使自己的劳动报酬、工作内容、社会保险、劳动条件、劳动保障等合法权益受到侵害时，毕业生往往因没有及时签订劳动合同而得不到法律的保护。所以，毕业生一定不能将就业协议和劳动合同简单地等同起来，就业协议和劳动合同是不能互相替代的，要充分认识到签订劳动合同的重要性和必要性。

4. 订立劳动合同的原则

“平等自愿、协商一致、公平合法、诚实信用”是订立劳动合同必须遵循的原则。

5. 违反劳动合同法的法律责任

（1）用人单位的法律责任

用人单位直接涉及劳动者切身利益的规章制度违反法律、法规规定的，由劳动行政部门责令改正，给予警告；给劳动者造成损害的，应当承担赔偿责任。用人单位提供的劳动合同文本未载明劳动合同法规定的劳动合同必备条款或者用人单位未将劳动合同文本交付劳动者的，由劳动行政部门责令改正；给劳动者造成损害的，应当承担赔偿责任。用人单位自用工之日起超过一个月不满一年未与劳动者订立书面劳动合同的，应当向劳动者每月支付二倍的工资。用人单位违反劳动合同法规定不与劳动者订立无固定期限劳动合同的，自应当订立无固定期限劳动合同之日起向劳动者每月支付二倍的工资。用人单位违反劳动合同法规定与劳动者约定试用期的，由劳动行政部门责令改正；违法约定的试用期已经履行的，由用人单位以劳动者试用期满月工资为标准，按已经履行的超过法定试用期的期间向劳动者支付赔偿金。用人单位违反劳动合同法规定，扣押劳动者居民身份证等证件的，由劳动行政部门责令限期退还劳动者本人，并依照有关法律规定给予处罚。用人单位违反劳动合同法规定，以担保或者其他名义向劳动者收取财物的，由劳动行政部门责令限期退还劳动者本人，并以每人五百元以上二千元以下的标准处以罚款；给劳动者造成损害的，应当承担赔偿责任。劳动者依法解除或者终止劳动合同，用人单位扣押劳动者档案或者其他物品的，依照前款规定处罚。

用人单位有下列情形之一的，由劳动行政部门责令限期支付劳动报酬、加班费或者经济补偿；劳动报酬低于当地最低工资标准的，应当支付其差额部分；逾期不支付的，责任用人单位按应付金额 50% 以上 100% 以下的标准向劳动者加付赔偿金：①未按照劳动合同的约定或者国家规定及时足额支付劳动者劳动报酬的；②低于当地最低工资标准支付劳动者工资的；③安排加班不支付加班费的；④解除或者终止劳动合同，未依照劳动合同法规定向劳动者支付经济补偿的。用人单位违反劳动合同法规定解除或者终止劳动合同的，应当依照劳动合同法第四十七条规定的经济补偿标准的二倍向劳动者支付赔偿金。

用人单位有下列情形之一的，依法给予行政处罚；构成犯罪的，依法追究刑事责任；给劳动者造成损害的，应当承担赔偿责任：①以暴力、威胁或者非法限制人身自由的手段强迫劳动的；②违章指挥或者强令冒险作业危及劳动者人身安全的；③侮辱、体罚、殴打、非法搜查或者拘禁劳动者的；④劳动条件恶劣、环境污染严重，给劳动者身心健康造成严重损害的。

用人单位违反劳动合同法有关建立职工名册规定的，由劳动行政部门责令限期改正；逾期不改正的，由劳动行政部门处 2 000 元以上 2 万元以下的罚款。用人单位招用与其他用人单位尚未解除或者终止劳动合同的劳动者，给其他用人单位造成损失的，应当承担连带赔偿责任。

（2）劳动者的法律责任

劳动者违反服务期和竞业限制约定的，应当按照约定向用人单位支付违约金。

劳动者违反劳动合同法规定解除劳动合同，或者违反劳动合同中约定的保密义务或者竞业限制，给用人单位造成损失的，应当承担赔偿责任。

劳动者在与原用人单位并未解除或者终止劳动合同的情况下又与另一个用人单位建立劳动关系，从而使得原用人单位受到损失的，则相关的连带赔偿责任必须由劳动者与其他用人单位共同承担。

（3）劳务派遣单位的法律责任

劳务派遣单位、用工单位违反劳动合同法有关劳务派遣规定的，由劳动行政部门责令限期改正；逾期不改正的，以每人 5 000 元以上 1 万元以下的标准处以罚款，对劳务派遣单位，吊销其劳务派遣业务经营许可证。用工单位给被派遣劳动者造成损害的，劳务派遣单位与用工单位承担连带赔偿责任。

（4）劳动行政部门和其他有关主管部门的法律责任

劳动行政部门和其他有关主管部门及其工作人员玩忽职守、不履行法定职责，或者违法行使职权，给劳动者或者用人单位造成损害的，应当承担赔偿责任；对直接负责的主管人员和其他直接责任人员，依法给予行政处分；构成犯罪的，依法追究刑事责任。

六、社会保险及其法律问题

1. 社会保险的概念及功能

社会保险是国家通过立法强制征集专门资金，用于劳动者在丧失劳动能力或丧失劳动机会时的基本生活需要。它既是保证劳动力再生产的必要条件，也是提高劳动生产率、均衡企业负担的有利因素。同时，它也为企业改善经营管理和做好劳动保护工作提出了统一的规范，为解决一系列社会问题创造了条件。

2. 社会保险的种类及内容

根据《宪法》《劳动法》及有关社会保障法规的规定，我国当前实施的社会保障体系包括社会保险、社会救济、社会福利、社会优抚安置等方面，其中社会保险包括养老保险、医疗保险、失业保险、工伤保险和生育保险五个项目。

（1）养老保险

养老保险是指在劳动者工作期间，由劳动者本人及所在用人单位共同缴纳一定数额的社会保险费用，在劳动者退休以后，由社会保险机构定期支付养老金，以保障劳动者的基本生活。

我国对养老保险制度的规定及相关改革内容主要有《国务院关于企业职工养老

保险制度改革的决定》《国务院关于完善企业职工基本养老保险制度的决定》等。

（2）医疗保险

医疗保险是指劳动者在患病时依法得到物质帮助的社会保险制度。在劳动者工作期间，由劳动者和用人单位缴纳一定的社会保险费用；在劳动者患病时，由社会保险机构承担一定的费用，以免影响劳动者的正常生活。

我国对养老保险制度的规定及相关改革内容可参见《关于建立城镇职工基本医疗保险制度的决定》。

（3）失业保险

失业保险是指国家通过立法强制实行的，由社会集中建立基金，对因失业而暂时中断生活来源的劳动者提供物质帮助的制度。

失业保险主要是为了保障有工资收入的劳动者失业后的基本生活而建立的，其覆盖范围包括劳动力队伍中的大部分成员。因此，在确定适用范围时，参保单位应不分部门和行业，不分所有制性质，其职工应不分用工形式，不分家居城镇、农村，解除或终止劳动关系后，只要本人符合条件，都有享受失业保险待遇的权利。

按照规定，在失业保险制度覆盖范围内的单位及其职工必须参加失业保险并履行缴费义务，不履行缴费义务的单位和个人都应当承担相应的法律责任。

失业保险基金主要来源于社会筹集，由单位、个人和国家三方共同负担。缴费比例、缴费方式相对稳定，筹集的失业保险费，不分来源渠道，不分缴费单位的性质，全部并入失业保险基金，在统筹地区内统一调度使用以发挥互济功能。

（4）工伤保险

工伤保险是指国家和社会为在生产、工作中遭受事故伤害和患职业性疾病的劳动者及亲属提供医疗救治、生活保障、经济补偿、医疗和职业康复等物质帮助的一种社会保障制度。劳动者享受工伤保险的权利是由国家宪法和劳动法给予根本保障的。

《劳动法》以国家法律的形式保障了工伤者及其亲属享受工伤保险待遇。《企业职工工伤保险试行办法》是实施工伤保险制度的政策措施，也是落实工伤待遇的主要依据。

（5）生育保险

生育保险是通过国家立法规定，在劳动者因生育子女而导致劳动力暂时中断时，由国家和社会及时给予物质帮助的一项社会保险制度。

我国生育保险待遇主要包括两项：一是生育津贴，用于保障女职工产假期间的基本生活需要；二是生育医疗待遇，用于保障女职工怀孕、分娩期间以及职工实施节育手术时的基本医疗保健需要。

生育保险的法律依据有《中华人民共和国劳动法》《企业职工生育保险试行办法》，相关规定有《女职工劳动保护规定》《关于女职工生育待遇若干问题的通知》。

七、招聘陷阱

目前，网络作为当下快速便捷的招聘、求职渠道，虽然能给用人单位和求职者提供高效率、低成本的服务，但也在某种程度上成为一些社会不法分子的牟利手段。当面对各行各业的招聘时，毕业生在求职时一定要提高警惕，以防掉入招聘陷阱，要学会运用法律来维护自己的权益。各式各样的招聘陷阱会给初入社会的求职者带来安全隐患。同时，一些不法单位深知毕业生缺乏社会阅历加之求职心切，便绞尽脑汁地布下各种招聘陷阱，主要有以下几种类型：

1. 利用招聘进行的新型传销

一直以来，我国都明令禁止开展传销活动。但是，传销组织无孔不入，其招聘信息数量明显多于其他招聘信息，而且不会对个人学历、性别、年龄等作出任何要求，很可能会采取“底薪+提成”的薪资方式，强烈要求求职者本身先购买产品，体验后再夸大其词地将其销售给他人。

2. 骗取钱财

一般来说，此类单位会以免费培训、提供统一服装但需要交纳押金费用等为借口，并对求职者提出“只有支付相关费用才可正式工作”的要求，其居心一目了然，就是为了骗取求职者钱财。我国法律明确规定用人单位不能以任何理由向应聘者收取任何费用。

3. 为企业打广告

这种平台通常会免费为其他想要发布招聘信息的用人单位打广告，通过长期在各种招聘网站发布成千上万条招聘信息来推销自己的平台。

4. 高薪诚聘骗局

如果看到“不需要任何条件，管吃管住，即刻轻松上岗，还有丰厚福利待遇”“月入过万”“年入百万不是梦”等宣传语，缺乏工作经验的求职者不要心动，必须牢记“天上不会掉馅饼”，切忌轻信。

5. 岗位骗招

一些单位会对招聘岗位名称进行包装，夸大描述岗位的重要性，对于薪资待遇更是夸大其词，但当求职者真正进入单位工作时，却发现并无承诺的底薪、福利，仅仅是拉业务。

6. “巧”办务工证

有些单位打出为外地劳动力办理务工证的招聘信息，但是此类信息大多不实，并非真正招聘劳动者。

7. 试用陷阱

采用该手段的招聘单位，在求职者试用期将要结束时，会以各种理由解雇劳动者，“假试用，真使用”。应当明确的是，试用期不是“白用期”，也不是“廉价期”，这样的行为侵犯了劳动者的合法权益。劳动者应善于运用法律武器保护自己的合法权益，避免掉入试用陷阱。

八、侵权或违法行为

1. 招聘阶段

（1）歧视行为

性别歧视：某些招聘单位明确标明仅限男性，或者对于同岗位，要求女性具有高学历、高技能等条件，这无疑是对女性就业变相设置障碍。根据劳动法的规定，男女拥有相同的就业权利。即使某些路桥单位、物流运输公司、监理公司等单位提出仅限男生的招聘条件是出于工作环境等因素的考虑，但事实上仍然属于性别歧视行为。

学历歧视：某些招聘单位会将学历放在首位，而且要求毕业生必须具备较高的学历层次。

经验歧视：一些招聘单位要求求职者具备工作经验，这种设置就业门槛的现象对应届毕业生而言也是一种歧视行为。

形象歧视：某些招聘单位会将相貌作为招聘条件，而忽略工作岗位的实质性要求，导致一些相貌平平的毕业生无缘心仪的工作。有些招聘单位甚至会在身高、年龄、所属地区等方面设定限制，无疑也属于歧视行为。

（2）招聘骗局

虚假招聘：某些招聘单位会通过发布夸大其词的虚假广告来吸引高素质的高校毕业生，导致毕业生既浪费了时间又错失了良机，甚至可能危害生命和财产安全。还有些招聘单位打着招聘人员的幌子，只是为了营造热点，产生所谓的新闻效应，达到宣传企业形象及扩大知名度的目的。对于发布虚假招聘信息、泄露求职者个人信息等违规行为，有关部门会综合运用责令改正、处置账号、下架移动应用程序、暂停招聘服务、关闭平台或网站等措施依法处置。求职者也应提高警惕，认清招聘骗局，积极保护自己。

高薪招聘：某些招聘单位会以丰厚的待遇作为前提条件，收取报名费、培训费、服装费、工本费等，蒙骗毕业不久、找工作心切的求职者。求职者如果落入骗局，切记保留好相关证据，及时向有关部门求助。还有一些招聘单位以招聘女员工为名，诓骗初入社会的女学生，对其进行人身侵害。遇到这种情况，求职者要做的第一件事就是严肃拒绝并保留证据，及时向当地公安机关报案，根据行为的性质，依法要求行为人承担民事责任，或追究其刑事责任。

剽窃智力成果：某些用人单位会以丰厚的薪资待遇为诱饵，当应聘者去应聘时，招聘公司会进行测试，出一张“考卷”，其内容一般是要求给出某项目的方案，而应聘者都会发挥自己的最高水平，认真完成这张“考卷”。但当他们将自认为满意的答案上交后，招聘单位却杳无音信。然而真相就是这些单位并不是真正要招聘员工，而是想窃取他人的智力成果。这不仅浪费了求职者的时间，还侵害了他们的正当权益。

传销与贩卖人口：此类行为是国家重点打击的对象，但仍有别有用心的人抓住大学生求职心切的心理，运用各类手段让求职者放下防备心理，在完全取得信任之后，他们就会将求职者转移到外地贩卖或带其进入传销窝点。对打着“创业、就业”的幌子，以“招聘”“介绍工作”为名，诱骗求职人员参加的各类传销组织，公安部门予以坚决铲除。

（3）侵犯知情权

招聘单位在面试求职者时会通过提问来确定他们的情况。但是当求职者反过来询问招聘单位的一些情况时，他们便会回避问题并责怪求职者，导致形成“单向通道”。招聘单位基于大学生的求职材料，可以较详细地了解求职者的情况，因而可以从容筛选；相反，初入社会的毕业生难以判断信息的准确性，故而很难作出正确的选择。因此，招聘单位和毕业生之间便存在信息不平等的状况，这不但与“双向选择”的初衷相悖，更侵犯了求职者的知情权。例如：在某个招聘会场上，某招聘单位对应聘学生提问个人情况、家庭情况、是否患有某类疾病等具体的面试问题，但当学生想向应聘公司详细了解一下如工作岗位、薪资报酬、社会保险、休息时间等情况时，招聘人员便答非所问，含糊其词，甚至以学生所提问题涉及公司的秘密为由逃避解答。这种行为便侵犯了求职者的知情权。

案例1：公开招聘走形式，骗取免费劳动力才是真

某高校2023届毕业生小张称，最近他参加了一场高校毕业生供需大型见面会，他印象最深的就是一家广告公司发布的招聘职位，一次性招聘10个“文案”人员，另外还有“策划”及“公关”等若干岗位，同时注意到公司给出的薪资福利比较丰厚，因此，在此单位招聘摊位前学生排成了一条长龙。对每一位求职于此单位的大学生，招聘人员只通过不足1分钟的谈话，便发出一份已经详细标注好复试时间、地点的“面试通知单”。出于好奇，小张去这家公司进行了复试。可是经理几乎全程没有说一句话，只是简单提供了一些相关资料，便提出一个要求，让他和其他来应聘的大学生在规定的1个小时内完成某保健品广告的推广文案，并在他们完成后，告知“回去等通知”。当时参加复试的有四五十名应届高校毕业生。小张非常生气地说，他打听了这家公司，结果是做假招聘的，这个招聘单位所有员工加在一起不到20人，那么一次性就招聘十几个大学生更是无稽之谈。他从广告行业的一位师兄处得知，打着招聘幌子的公司非常多，它们只不过牺牲一笔摊位费，就可以从招聘过程中免费获取各种优秀文案，同时还可以通过招聘现场的人流量对公司的“形象”进行免费宣传。

值得注意的是，虚假的招聘广告大概率会具有以下特点：首先，这类招聘广告针对的是应届毕业生，对求职者的学历、工作经验都不做任何要求，还会给出高工资，甚至免费提供住宿等。其次，此类招聘单位设有不同的工作岗位，招聘数量也很多，大多是初级职位，如前台人员、服务员、文员等。最后，对于所投简历不进行筛选，不遵循正常的招聘面试流程，通常只会告知应聘者一个地址，要求他们直接参与复试，而且其办公地点一般不设在正规的写字楼，而是在住宅小区内。

（4）侵犯隐私权

大学生在求职过程中，一些单位会向他们问及一些涉及私人生活的问题，如

“有没有男（女）朋友”“准备什么时候结婚”等，更有甚者会问女生“对婚前同居怎么看”“你会如何应对客户的骚扰行为”等对个人隐私有所侵犯的问题。不少大学生面临这些提问时表现得很窘迫，但又担心不予回答就会失去就业机会。隐私权在我国的法律中并没有明确的规定，最为相关的法律条文是《中华人民共和国民法典》第五章第一千零二十四条：“民事主体享有名誉权。任何组织或者个人不得以侮辱、诽谤等方式侵害他人的名誉权。”因此，假如求职者认为自己被问及的问题有损个人尊严可以拒绝回答；如果认为损害已成事实则可以投诉、报警。

2.签约阶段

（1）合同必备条款缺失

劳动合同条款应包含前文所述的各项法定必备条款和约定必备条款。值得重点关注的是劳动薪资报酬条款。某些公司的合同虽注明劳动报酬“不得低于本市最低工资标准”，其实相当于没作出任何规定；某些公司会考虑到行业机密等诸多因素而忽视劳动报酬一项，选择不填或仅填一个虚假数字；某些公司对于薪金采用浮动制，故而也会逃避填写；某些公司仅仅是为了博人眼球，对求职者许诺会有丰厚的薪资待遇、职位升迁的机会，但并不会添加任何约定，到一定时间又会想出各种理由拒绝履行协议。

此外要注意，对于劳动合同中重要内容之一的工作岗位的描述，毕业生在面临岗位约定问题时应避免有“招聘单位有权依据实际需要对劳动合同随时进行变更”的条款。

（2）违约金规定不明

违约金条款是协议或合同的重要条款，是担保协议或合同全面履行、补偿守约方的损失、惩罚违约方违约行为的重要措施。根据我国相关规定，违约金的数额在劳动合同或协议中应有规定，要遵循公平原则，根据劳动者的劳动报酬等因素合理确定。但在日常工作中，很多招聘单位会私自设立违约金额度，并远远超过劳动者的劳动所得，这会对劳动者的权益造成侵害。

同样要引起重视的是，在劳动合同中不能仅仅对劳动者单方违约行为作出规定，如果企业违约也同样要负相应的责任。

（3）合同文本中有违法条款

某些招聘单位在签约时通过文字游戏或其他手段，变相设置一些不合理甚至违法的条款，强迫劳动者签约，以此达到剥削劳动者的目的。例如，某些公司对女员工提出“3年内不可以结婚”，很明显这是违反我国婚姻法的。某些公司承诺给予高工资，却以不为劳动者缴纳社会保险为前提条件，这同样也是违反我国劳动法及保险法的。

一旦出现违法条款，尽管该条款无效，对员工却会产生危害，如某些单位会预先在劳动合同中添加一些对企业极其有利的条款，并采取“劝服”或欺诈、胁迫的方式，逼迫员工认同不合理的合同内容。

3.试用期

某些单位利用试用期骗取源源不断的廉价劳动力。主要存在以下三种类型：一是会无故延长劳动者试用期；二是把“试用期”变成“剥削期”，支付超低工资，甚至不支付工资；三是试用期结束后以各种理由解聘求职者。

案例2：用人单位可不可以延长劳动者的试用期

2023年5月，在看到一家IT公司招聘一名软件设计师的信息后，小刘便前去应聘，经评估后被录用，此IT公司与小刘签订了为期2个月的试用合同。小刘在试用期内工作热情非常高，但因他刚接触此行业，并且所接的设计任务十分复杂，因此他未能很好地完成工作任务。因此，小刘内心十分着急。在试用期即将结束时，经理对他说：“公司要在你试用期的最后一天考核你的水平。我现在交给你一项任务，今天你务必完成一个完整的设计项目。倘若你可以高质量完成此项任务，就证明你非常符合我们公司的录用条件，相反就证明你不符合要求。”小刘整整干了一天，总算勉强把设计完成了，他怀着忐忑不安的心情，把完成的设计交给了经理。第二天，小刘便被经理告知其设计技术水平有待提高，尚需学习，如果小刘想要留在单位继续工作，只能选择延长试用期。迫于找工作难的压力，小刘同意了将试用期由2个月延长到4个月。一次，小刘在与同事沟通时，意外发现每一位新员工都与他遭遇了同样的情况，并都选择了延长试用期。

针对延长试用期的行为，小刘与同事们协商达成一致意见，要求单位补偿待遇。

本案例值得注意的是，招聘单位是否可以将劳动者的试用期延长？试用期是指招聘单位与劳动者约定的互相了解和选择的一段时期，但同一个单位与同一个劳动者的试用期只能约定一次。《劳动合同法》规定，倘若有证据足以证明劳动者在试用期内不符合单位所需条件，便可将劳动合同解除。此时，招聘单位不需要向劳动者支付任何经济补偿，但要及时向劳动者解释，以免造成麻烦。除此之外，招聘单位不得以任何理由随意解除劳动合同或将试用期延长。在本案例中，用人单位以小刘工作技能水平有待提高为由将试用期由2个月延长至4个月，毫无疑问，这违反了我国《劳动合同法》的相关规定，劳动者可依照规定要求用人单位对其作出相应补偿。

第四章 以增强学生身体素质为核心的体育教育

体育伴随人类社会的存在而产生，并随着社会的发展而不断发展。一些重大的国际体育赛事，如奥运会、足球世界杯、NBA、NFL等，其影响范围之广，现代社会还没有其他活动可以与其相比。回顾100年来世界体育的发展历程，其发展速度令人惊讶。

如今，提高生活质量，进而提高生命质量的现实课题和历史责任，摆在了大众面前。体育和体育科学在这些重要课题中所扮演的角色的重要性越来越为人们所意识到。

以2022年北京冬奥会为契机，进一步加强青年体育运动，增强年轻人体质，充分落实科学发展观，贯彻党的教育政策，积极推进高质量教育，对培养新时代中国特色社会主义的建设者和接班人具有重要意义。“综合发展”“和谐发展”“完美发展”“个人发展”等教育思想越来越被接受，现代体育教育已顺应世界教育发展的潮流而发展。体育不仅提供知识、技术、技能，还能加深人们对生命的理解、对健康生活方式的认识、对健康价值的领悟。

第一节 大学生体育教育理论概述

我国体育教育的一般目标是：增强学生体质，促进学生身体和心理健康和谐发展，培养学生的身体能力和优秀的思维方式，成为德、智、体、美、劳全面发展的新时代社会主义建设者。在我国实现学校体育教育整体目标的过程中，体育不仅提供体育知识、技术、技能，还能提高学生的体力，培养学生的道德素养。体育是大学生教育的重要组成部分，是培养现代高水平人才的重要途径，使其道德、知识、体质得到全面发展。

一、体育的内涵

体育是一种以运动身体、增强体质来丰富文化生活的社会活动，是与道德教育、知识教育、美感教育相结合的教育整体要素之一。体育运动还作为社会、文化生活的一部分，以竞争的形式，加强各个国家人民之间的联系。体育运动随着人类社会的发展而逐渐形成和发展，据史学家和考古学家的研究，人类早在原始时代就把走、跑、跳跃、投掷、攀登等作为最基本的生产劳动及日常生活的技能和本领传授给下一代。体育的发展与教育、军事、科技的发展，以及人们的休闲娱乐活动密切相关，并在整个发展过程中都受到特定的政治和经济的约束。

1.体育具有竞争性

当今社会是一个充满竞争和挑战的社会，只有具有积极向上的竞争意识和进取精神，才能在竞争中占得先机。竞争是体育发展的原动力，体育运动以其竞争的魅力吸引大众参与。体育是学生增强公平竞争意识和培养持续进取精神的最好课堂和实践领域。在体育竞技赛场上，在体育规则的制约下成功是不容易的，为了赢得人们的认同和赞扬，运动员都需要努力拼搏。人们在体育运动过程中会经历困难的考验、心理的压力，会产生激动、惊讶、沮丧等情绪，会品尝到成功的喜悦和失败的痛苦。在这个过程中，人们学会了克服惯性、战胜自己的方法，使他们为了理想而努力。

2.体育具有娱乐性

体育具有娱乐功能。体育活动可为人们带来愉快的体验，高校师生利用余暇时间，参加、欣赏各种体育活动，通过体育活动来享受生活、娱乐身心，从而消除焦虑、紧张等不良情绪的困扰，使校园生活更富情趣和意义。

3.体育具有消费性

随着人民生活水平的日益提高，人们的余暇时间越来越多，体育运动在丰富日常生活、增添生活色彩、改善生活质量等方面的作用越发明显。高校师生应逐步树立“体育具有消费性”的价值观，观看比赛、加入俱乐部、办健身卡、参加商业比赛等逐渐成为高校师生在体育方面的固定开销。

4.体育是完善个性的重要手段

运动不仅影响人的生理属性，也影响其心理属性，这是运动的重要功能之一。现代体育也可以作为促进人类发展的社会教育手段。在体育运动中，参加者必须有更多的身体、智慧和情感投入，甚至开发自己的极限。参加者在发现体力、技能、意志的短板的同时，也能发现自己的长处，因此能够更加了解自己，并采用更加适合自己的运动方法，开发优势，改变不足。这个自我发现、自我认知、自我变革的过程，正是促进人格形成和发展、实现人的社会化的过程。

5.体育具有终身性

体育运动不仅要重视“现在”，还要注重“未来”，在满足大学生当下身心发展的需要的同时也应满足大学生一生发展的需要。因此，体育运动不应局限于个人发展的特定阶段，而应该贯穿其整个人生。在全国范围内，随着全国性的健身运动的普及，为了让学生切实感受到强健的身体是人生中最初的富裕，是现代生活的基础，需要加强体育宣传。体育关系到每个人的生活，与家庭和就业有着密切的关系，学生必须深刻理解体育运动在促进人们综合发展方面的作用，增强参加体育运动的意识和主动性，确立终身体育的概念。

二、体育教育的内容

在漫长的社会发展中，人类体能活动的形态持续改善，其功能也从原来的生存功能扩大到了具有文化属性。体育是教育的从属概念，是整个教育过程的有机部分。基于运动能力和思想质量的组织化教育课程是实现学校体育教育目标的基本方法之一。

大学体育是学校体育的高级阶段，是连接学校体育和社会体育的纽带，是实现体育强国的战略重点，是开展全民健康运动的重要环节，在培养德、智、体全面发展的新时代人才、提高技术人才素质方面起着特殊作用。大学的体育教育使大学生树立了大众体育意识和集体运动意识，开发了他们的体育才能，培养了体育人才，也激发了大众的体育热情。

二、加强大学生体育教育的意义

1.体育教育的意义

体育作为大学课程的一种，是任何其他教育形式都无法替代的，它的存在和发展有助于完善校园文化，有利于大学教育自身的和谐发展。

第一，体育教育能持续变革和创造体育环境。就像人们通过劳动来改造和创造环境一样，体育教育也在变革和创造体育环境，这是体育教育的重大意义和价值。但是，这个环境不是外部的自然环境，而是人类自我的生理环境，甚至是整个社会的生理学和心理学环境。

第二，从体育活动的本身来看，体育只不过是增强个体素质、提高潜在能力的过程。但是，从文化的角度来看，体育是学生回归社会的过程，即回归体育社会的过程。

第三，体育作为校内实践活动的价值在于实现个体自身的价值。马克思曾经说过："任何一种解放都是把人的世界和人的关系还给人自己。"体育教育能够实现学生全面、自由的发展，以及个人人格和社会人格的和谐统一。

2.大学体育教育的意义

大学体育教育的意义主要体现在教育价值和文化价值两个方面。

（1）教育价值

当前，体育在现代教育中扮演重要角色，是培养意志品质的教育，其最终目标是培养全面发展的人。"学校体育是一种具有巨大潜力的教育能力"，学校体育对学生身心发展和文化学习的影响已被广泛理解和接受，学校体育已成为现代教育不可或缺的一部分。

近年来，社会体育运动的新发展趋势已经对学校体育产生了显著作用，并且该学科的内容、原理和方法都发生了重大变化。学校体育活动可以使学生得到锻炼，还可以在发展学生的人格方面起到良好作用，有助于促进学生的道德素质教育和美育。

（2）文化价值

大学体育文化是一种特殊的社会文化，是在学校特定范围内的实践过程中创造的物质和精神产品总和的一部分。体育文化的发展离不开大学体育教育的土壤。学校体育是学校体育文化的基础，是学校教育的重要组成部分。

发展校园体育文化的目的是培养学生的体育意识，发扬体育精神，提高体育文化素养，促进学生的身心健康。校园体育文化是人类社会在历史和实践过程中所创造的体育制度文化和体育精神文化。

体育教育实施的过程，不仅仅是教学生单一的文化内容，而是许多相关的体育文化因素的共同促进。学校体育文化是一种社会文化，是学校在长期的体育实践过程中逐渐形成的，是师生共同参与、精心培育而发展起来的。通过各种体育运动，学生不仅提高了身体机能，还提高了他们的参与意识，促进他们品格的培养和价值观的形成。它在改善学生的智力结构，加强学校与社会之间的交往，传播人类社会文明，增强学生的积极性、主动性和创造性以及促进教育改革的深入发展方面具有特殊的功能。

第二节　构建以增强身体素质为核心的大学生传统体育运动教学平台

一、大学生传统体育运动的内容

体育是随着人类社会的发展而不断发展起来的。在现代人类社会生活中，体育越来越显示出它的重要地位与作用。奥运会、亚运会、足球世界杯等这些重大的国际体育赛事，其牵动范围之广、打动人心之深，现代社会还没有其他任何一种现象能与之相比。大学生传统体育运动包含田径、体操、球类运动、健美运动、武术等。

1.田径

田径运动分为跑步、跳跃、投掷三个部分。不同的项目富含不同的教育内涵与意义。例如，在障碍跑中，可以培养克服障碍和困难的意志；在接力跑中，能够培养团队精神；耐久性跑可以锻炼坚强的意志；快速跑可以培养时间概念；跳跃和投掷可以使人勇敢、沉着，具有决断力等。

2.体操

体操包括器械、技巧运动、跳跃等。在各种运动中，可以培养沉着、坚韧、团结、刻苦等意志品质。例如，基本的体操技能培养忍耐力、遵守纪律、团队合作素养；平衡木和单双杠培养沉着、忍耐、坚韧的素养等。体操项目还可以塑造和协调学生的形体，强化组织纪律，提高专注力、自制力、自信心、进取心，促进学生之间的团结合作，培养安全意识和社会适应性。

3.球类运动

球类运动包括足球、篮球、排球、乒乓球、羽毛球等项目。足球可以提高沟通与合作能力，调整心态，培养勇敢顽强的意志品质；篮球可以提升勇气、凝聚团队力量，在培养机智性和柔韧性方面有着重要的价值；在排球运动中，大学生可以发扬合作精神，学习尊重对手；乒乓球和羽毛球可以培养冷静、机智、乐观的素质。

4.健美运动

健美运动包含与音乐相结合的有节奏的身体展示和舞蹈动作。健美运动可以塑造优美的身姿，培养开朗的性格，展现健康、向上、自信的精神面貌，提高审美能力，培养想象力、表现力和创造力。

5.武术

武术讲究手、眼、身、法、步的统一。加强武术教育，能够让学生磨炼意志，培养民族自豪感，增强民族自信心。武术礼仪是中国武术精神的具体体现。“学习武术前学习仪式”，握拳持枪，以示对老师的敬意和对学习的真诚，在表演中应对裁判、观众、对手表达敬意。

二、大学生传统体育教育中存在的问题分析

大学生传统体育教育的第一目标是通过体育来提高学生的身体素质。从某种意义上说，是学生的身体形态、身体机能、身体适应性、身体抵抗疾病各个方面的改善。提高身体素质的教育是基于大学生的发展需求，体现了与其他领域教育不同的本质特征。

提升身体素质教育的具体内容主要包括五个方面：良好的体形培养；改善身体机能；提高运动质量；增强身体抵抗疾病的能力；改善身体的耐受性。这些都为学生将来步入社会面临高压和激烈竞争作准备。大学生传统体育教育中存在的问题如下：

1.以教师为教学核心，忽视学生的主体性

大学传统体育教育是以教师为主体的“被教育”模式，学生经常处于被动接受知识的状态，这抑制了学习的欲望和创造性，也制约了大学体育教师的思维逻辑和教学方法，极大地影响了大学教育的革新和发展。因此，要强调适应学生人格发展的要求，促进学生综合能力的持续改善，使学生的身体和心理都得到促进和成长。

2.忽略运动技能的基础性教学

一些高校一味地强调“终身体育”的教学模式，为了向这些教学模式靠近从而忽略了最基础的运动技能，使学生并没有真正达到学有所用，这就更加谈不上“终身体育”。这种功利性会导致在传统体育教学中，出现意想不到的偏差问题。因此，在大学生传统体育教学中必须遵循循序渐进和学生全面发展这一基本原则，要树立正确的指导思想，提高体育教师对体育理论的认识。

3.教学内容形式单一

现阶段大学生传统体育教学中，教师在教学中都普遍存在一个问题，那就是轻视理论知识。针对这一问题，在教学内容上应该与时俱进，扩大学生的知识面，重视教学内容的实际应用性。可以组织安排或引导学生参与丰富多彩、生动活泼、富有朝气的课后课程及各种闲暇体育活动，不仅能够丰富校园文化生活，还能营造育人的校园环境氛围。

4.课程评价体系不完善

从现在的传统体育教育实践来看，主要强调筛选和选择的功能，忽略了评价过程本身的重要性；过分关注体育表现的评价内容，忽略了对综合质量和整体发展的评价；评价方法比较简单，注重量化，未完全反映评价对象的特异性，无视多元性和多方向价值。例如，对学生的评价基本上只限于对体育知识和技能的评价，对于学生来说，在体能、技能、兴趣、性格等方面存在很大的差异，单一内容的体育评价标准忽视了学生性格的差异，忽略了学生对课程的兴趣、能力和习惯的培养，没有充分注意学生的自我学习、自我训练、自我评价和自我管理能力。传统体育教育的目的除了要求学生掌握体育基本知识外，还有体育训练、体育运动、提高对外界的适应能力等，如果只限于对运动能力进行评价，则只反映了课程目的的一部分。另外，从评价方法来看，我国学生的评价主要采用教师评价和综合评价等传统方法，主要包括体力和运动能力的测试，不能充分反映学生的学习态度。在评价中，教师是中心，学生的自我评价和相互评价不突出，因此评价失去了反馈功能，这不利于激发学生的学习热情、提高教育效果。

三、提升大学生传统体育运动教育实效性的对策

1.优化大学生传统体育运动教学目标体系

大学体育是大学教育的重要部分，其课程目标和中小学的体育课程目标是相互关联、层层递进、各有侧重的，应注重学生个性的发展和生涯体育概念的培养。

第一，把焦点放在目标的体系化上。体育课程的目标是按照学校体育目标的一般要求由教育管理部门决定的。这是所有级别、类型和地区学校课程发展的指导方针。目标反映了社会需求和个人发展要求，必须符合体育领域的特点。

第二，要注意学生个性的发展。大学生身心的发育相当成熟，必须尊重学生个性的差异，进行有针对性的教育；通过人性化的方法和美学教育充分探索大学生的创造性。

第三，要科学地体现终身体育的概念。高等教育是学校教育的最高阶段，应该成为其终身教育的桥梁。必须把重点放在学生更好地生存和发展上，注意学生素质的培养。由于体育教育是高等教育的重要部分，因此终身体育的概念也应该完全反映在大学的体育课程中。

2.调整课程结构与内容

体育课程结构设计应尽可能满足学生的体育需求，并满足锻炼目标的需要。也就是说，课程结构必须与必要的知识和能力的目标结构一致。

第一，提高课程的可选择性。高等教育目标的多样化，是社会发展的多样化倾向和学生人格发展多样化的需求。高等教育需要根据学生个性的不同，培养理论性、实践性、综合性的人才，实现多个层次和不同类型的教育目标。

第二，科学构建内容系统，加强课程整合。在建立多目标体系的基础上，课程内容和形式也需要整合，要明确学习哪些体育知识、健康常识和体育技术，提高对课程的认识和学习能力。

3.改进课程实施

课程实施是将编制好的课程计划付诸实施的过程，是实现预期的课程理想、达到预期课程目标的基本途径。从狭义的角度研究课程实施的本质就是教学。我国传统体育课程在实施过程中未能完全达到预期的效果，体现为教学观念、教学方法、

教学手段不适应时代变革的要求等。究其原因，有课程本身的特点，也有课程实施过程中来自各方面的影响。教师在课程实施过程中，应树立人性化的观念：建立良好的师生关系；采用恰当的教学模式和科学的手段进行教学，以达到预期的教学目标。

第一，树立人性化的观念。人性化的教育是以受教育者的发展和需求为出发点来设置教育目标、规划学习内容的。在学习过程中崇尚快乐学习、生活化和个性化学习，追求“有教无类”、因材施教。在师生互动关系上强调民主、平等、以学生为中心。在对学生的评价上更加强调民主开放、公正客观，不以顺从、高分和知识、技能的积累论长短，而是以学生人格的完善、个人潜能的发挥和人生的幸福以及生命目标的实现作判断。这种软性的、内向型教育模式与传统的“功利主义”“权利主义”的教育模式相比，对于促进学生素质的提高、能力的全面发展和人性的丰满具有更为积极的意义。

第二，建立良好的师生关系。现代教师和学生的关系是人性化教育价值观的具体体现，也是确保教育质量的重要因素。只有在和谐的氛围中，个性才得以扩展。体育运动需要建立民主、友好、对话、合作的现代教师和学生的关系。

第三，采用各种各样的体育教育模式。在采用教学模式时，强调创造舒适的学习环境，刺激学生对学习的兴趣，引发学生良好的学习情感，让学生被动意识到自己的欲望。

第四，广泛运用创新教学法和现代教学法。现代的教学法，优化体育教师的指导，刺激学生对体育的热情和关心，在加深学生对运动概念和体育理论的理解上起着非常重要的作用。教师可以通过图像、动画、视频、声音等各种媒体直观、清晰地反映动态改变技术动作的过程。教师使用多媒体技术进行教育，学生的好奇心刺激学生参与学习。这样学生就可以享受学习的乐趣，积极学习。同时，多媒体技术还促进了面向具有相互作用和共享特性的大学生的传统体育教育链接的优化。

4.完善课程评价体系

人的全面发展具有丰富的内涵，是人的“体力、智力、情绪、伦理”各方面因素的全面发展。就大学生传统体育运动教育课程而言，其评价目标体系应包括运动目标、健康目标和行为目标。运动目标由运动知识目标和运动技能目标构成；健康目标由身体素质目标、形态机能目标、健身知识目标和心理健康目标构成；行为目标主要由运动参与和社会适应两方面构成。此外，也要关注评价主体多元化，注重将质性评价与量化评价方法相结合。

第三节　倡导以增强身体素质为核心的校园体育文化

一、高校校园体育文化的内涵

1.校园体育精神文化层

大学校园体育精神是一种文化层面的积累，在一定的历史阶段构建校园体育文化，是一种综合、考究的校园体育文化行为规范、价值观和意识的综合，包括大学体育的价值观、体育意识、体育感情、体育伦理、体育理想、体育行动等。大学体育精神文化占大学校园体育文化的主导地位，是大学体育文化的核心，一旦形成，就不容易改变，可以长久地持续下去，渗透到各个角落。其明确的方向性影响了所有学生的思维和行动，限制他们的价值观和思想质量的形成，成为鼓舞学生的精神力量。其中，体育观最能反映大学的体育精神文化，引导学生的体育行动志向，确定大学体育文化的发展目标。

2.校园体育制度文化层

大学体育系统的文化层是连接精神文化层和物质文化层的中间层，以人的行动和行动的形式来表现，不仅是大学体育的组织形态，而且是体育的具象化。它涵盖了体育规则、体育教学、课外运动活动、代表队管理、业余运动大会、健身训练、各种体育组织、体育知识的普及、体育交流的综合系统的建立。大学校园体育系统文化是校园人民积极开展体育和文化活动的表现，有明确的方向，是校园体育文化正确健康发展的保证。

3.校园体育物质文化层

校园文化是大学体育运动的基础，主要包括与体育运动相关的实体，如体育场设施、体育用品、体育艺术品等。体育的物质文化，不仅仅是指上述的物质产品本身，还包括上述物质产品所体现的人类的思考内容和思考方式，即文化的意义。这些产品是客观劳动，是人类本质力量的外部化，体现了人类的知识、思考、智慧、人类的感情、意志、价值观等。物质在大学的培养过程中起着微妙的作用，刺激学生对体育运动的兴趣和参与的热情，影响着学生的审美。

上述三个层次是大学校园体育文化的体系，相互关联，相互促进，共同发展。大学校园的体育文化基于体育物质文化，体育系统文化是象征，体育精神文化是中心，反映了大学教师和学生的整体体育精神，是三个层次的有机统一。

4.高校校园体育文化与社会体育文化之间的关系

一方面，校园体育文化是以社会体育文化为背景的独特文化形态，属于团体体育文化的范畴。就像校园存在于社会一样，校园体育文化也是社会体育文化的重要部分。两者互相关联，是不可分割的。另一方面，社会体育文化是校园体育文化的源泉。校园体育文化如果从社会体育文化中分离出来，就成了无源的水和无根的树。大学校园主体建设的体育文化，有领导社会体育文化发展的倾向。其推动了英国牛津大学和剑桥大学等校园体育文化的发展。实际上，校园体育文化与社会体育文化保持着密切的关系，必须带头外出、大胆邀请，深入社会，实施大规模的精神文明创造活动，并选择性地导入健身运动和其他健康内容，以及将传统的养生运动内容与最新的体育内容相结合，以进一步改善并充实校园体育文化。

二、高校校园体育文化的功能

1.身心俱健功能

高校师生进行体育活动的目的是追求健康，“身心俱健”是高校师生从事体育运动所追求的最高境界。

（1）健身功能

“生命在于运动”，这是法国著名思想家伏尔泰的一句名言。这句话深深暗示着运动对身体健康的重要作用。根据生理学原理，人的健康和工作效率，不仅取决于身体各种器官和系统的机能和调整，而且还依赖于身体获得适应自然和社会环境的能力。这种能力的学习不仅受各种生活环境的限制，还与一定程度的运动密切相关。科学实践还证明，从事身体运动会对中枢神经系统和内分泌系统产生良好的刺激，促进人体代谢，改善血液循环和呼吸功能，延缓生物老化，延缓结构退化并且效果明显。

大学教师和学生一般从事脑力劳动工作。工作性质决定了身体活动的缺乏，那么需要运动来弥补。通过身体活动，人体的各种器官系统受到一定强度的刺激，促使身体受到一连串的适应反应和形态、构造、生理机能的侧面的变化。教师和学生大多数选择在工作和学习后积极参加体育运动。这样可以消除疲劳感，增强体力，改善健康状况。这样一来，大学教师和学生可以更加集中精力进行心理准备，再次开始工作和学习。

（2）健心功能

根据身心相互作用的理论，心理健康和体育密切相关，大学的体育和文化活动对大学生的身体健康有着重要的影响，同时也对心理健康有着重要的影响。大学生的校园体育和文化活动作为一项实践活动，其文化价值在于人们的综合、自由、和谐发展，以及人们的身心和谐的发展和价值的实现。

现代社会飞跃性地进步着。社会竞争的激化、研究和工作的压力、人的精神疾病的发生率逐年增加，心理素质在人们的整体素质中起着重要的作用。不仅影响人的生理机能，还直接影响能力和质量的发展。很多研究表明，优秀的心理品质是职业成功的关键之一。因此，在现代社会，需要具备优秀的心理品质，且能够经受失败和挫折以及困难和扭曲的考验的人才。

由于社会竞争越来越激烈，大学生对学习和选择职业的压力越来越大。而且由于学校运营体制的改革——排除机制的导入，对大学生来说学习压力是不可避免的问题。家庭崩溃、解雇、自然灾害等很多社会问题也会给部分大学生带来心理压力。面对巨大的心理压力，大学生该如何适应社会的发展呢？运动无疑是最理想的方法。因此，除了集中学习外，还可以参加充满活力的健康文明校园运动和文化活动，给参加者带来一定的审美喜悦，从而产生良好的心情。这种方法涉及娱乐和娱乐活动，不仅可以避免野蛮的感情净化所引起的各种事件，还可以让参加者体验到新的积极情绪，为大学生形成良好的心理素质做出贡献。

2. 育人功能

大学校园体育文化的教育功能主要表现在其启发性和渗透性上。这种基于学生的学习模式，不同于课堂教育模式。在特定的体育活动中，通过统一的规则、标准化的行动、严格的组织和习惯性的规定，参加者和观众可以自觉地接受体育文化的教育，培养勇敢顽强、勤奋、克服困难的优秀品质。体育和文化活动的过程，实际上是学生自我表现、自我教育、自我管理、自我改善的过程，有促进大学生独自适应现代化社会的作用。

3.定向功能

大学校园体育文化的核心是教师和学生的体育价值。因此，随着高等院校校园体育文化的形成，必然会给所有师生的体育活动带来巨大的指导作用。良好的体育文化氛围使得所有大学形成了共同的体育价值观和师生集体荣誉感，这是一种无形的力量。校园里的人总是调整着自己的心理和行动，使校园舆论和气氛和谐，不习惯这所大学的人也会在无意中逐渐接受校园氛围，同时逐渐适应校园环境对自身的影响。校园体育文化的构建所形成的文化氛围，引导教师和学生确立健康的概念，使学校的教师和学生拥有区别于其他院校的体育文化特点。

4.娱乐功能

大学体育文化的优秀功能是为广大师生提供自我娱乐和游戏活动。正如贝弗里奇在《科学研究的艺术》一书中写道，娱乐和休假主要是个人需要的问题，但是持续工作太长时间的科学家会失去独创性。为了更有效率地工作和学习，大学的教师和学生大部分都应根据兴趣、专业参与各种体育活动，教师和学生在活动中暂时忘记自己的工作。学习和心理的压力得到了释放，从而保持了乐观的氛围。而且，通过各种体育活动，教师和学生达到了净化灵魂、享受生活的目的，有助于他们的身心健康。

5.美育功能

自然之美和艺术之美的有机组合，可以提高人们认识美的能力。体育是体现美学教育的重要手段之一。在丰富多彩的校园体育文化活动中，体育造型物、体育大厦、体育竞技场等物理设施也会打动学生，使他们获得丰富的感性经验，从而可以培养学生健康的审美意识，提高学生对美的欣赏能力。

学校体育文化的建设是加强学校间合作，提高学校声誉的重要因素。随着教育改革的深入发展，资源共享、教师互聘、学校间课程选择、学分相互认可等方式促使学校间的合作不断加深。学校间的体育交流会使学生的校园文化生活更加丰富，同时也会促进更多领域的学校间的合作。另外，学校体育的发展在一定程度上体现了学校的名声，校园体育文化形成了学校的形象，良好的校园形象是大学的无形资产，是成功运营的象征。

三、高校校园体育文化建设存在的问题

我国自改革开放以来，特别是随着高质量教育的发展，大学校园体育文化建设空前繁荣。大学的体育活动顺利进行，在体育教学、课外运动、体育大会、高水平运动队的建设等方面都取得了很大的进步，许多大学都在关注学生的体育知识和运动能力。体育技能、体育伦理、体育意识等方面的培养对学生的身体健康水平的提升有着很大的贡献。但是，受历史和人们价值观的影响，几乎没有大学把体育作为一个系统项目，从学校文化的构建角度出发，对学校体育文化进行整体构建。

1.深层的体育意识淡漠

大学校园应当注重培养学生的体育运动兴趣，培养他们优秀的体育道德精神。如今，人们对大学体育运动仍然非常不了解，甚至有人认为体育运动并不是不可缺少的。因为学生大都健康、活泼，所以体育意识往往比较淡漠，缺乏主动学习的意识，自主运动更谈不上，因此，需要加强对体育精神文化的构建。

2.体育文化建设方面误区较多

目前，各种传统的管理制度，特别是枯燥乏味的体育教育和考试评分制度存在很多限制，从而大大制约了学生在个性化方向上的体育活动的发展。在体育老师的指导下，集体运动的范围很窄，在很多情况下，只限于少数运动。学生们组建的体育活动小组又常常经验不足。因此，为了实现当前的教育目标，必须加强大学的体育文化生活。

误区一：大学的体育文化环境是自发形成的，不需要指导。

事实上，校园体育文化在大学里的构建有着很强的计划性。大部分活动是谨慎的，且经过严格审核的。大学领导对校园体育和文化活动的支持、关怀和引导，是校园体育文化建设和发展的重要因素。

误区二：重表面形式，轻实际内容。

对于大学校园体育文化的构建，必须注意内容和形式的辩证统一。在大学校园中，虽说每年都轰轰烈烈举办大型运动会及各类比赛，但是平时不注意体育运动的人在比赛结束后往往又回归日常。因此，如何激发学生参加体育运动的兴趣和热情，同时改进学生对体育运动的看法，值得一番深思。

误区三：重特色性，轻多样性。

有些大学为了突出自己的体育成果，强调了个别体育活动，但却低估了校园运动和文化活动的多样性。这种指导思想对校园体育的文化氛围、内容、形式的塑造非常不利。校园体育文化活动必须丰富多彩。只有这样的校园体育文化才能充满活力，不仅教师和学生的个性可以得到充分展现，而且学校也可以创造出校园体育文化。

3.高校校园体育物质文化建设滞后

体育场是大学体育活动的载体。但随着大学的扩招，学生人数急剧增加，由于资金不足、土地资源的限制，目前大多数高校体育运动的会场只支持单纯跑步，运动设备只能做机械性的重复运动，体育设施建设相对落后，无法满足学生在体育运动方面的需求。现在，虽说一部分大学的体育设施建设取得了显著的成果，但是由于管理过度，体育设施的利用率很低，一些体育设施甚至失去了原有的作用。离开场地器材的体育运动将成为无源之水、无本之木，因此，学校体育文化物质层面建设应引起大学领导的高度重视。

四、倡导以增强身体素质为核心的高校体育文化建设路径

1.树立以增强身体素质为核心的体育观

体育观是个人或社会对体育的意义和价值的认识，这个意义和价值决定了体育文化发展的方向性。体育价值观受人们的社会环境、态度、意识形态、思维方式、个人需求、兴趣等影响。考虑到上述因素，具备较高文化水平的教师和学生应该具有如下体育观：

体育是人生的重要部分，体育不仅是时尚，而且是科学文明健康的生活方式，还是大学教师和学生生活中不可缺少的内容。教师和学生在生活中不能缺少体育，娱乐不能没有体育，健身更需要体育，体育也是一种竞争，它是优化人格的重要因素。同时，体育是改善健康、预防疾病、消除紧张、建立友谊的重要手段。

2.弘扬高尚的体育精神

校园体育精神是指校园体育文化的行为规范、价值观和意识，在特定的历史阶段积累、整合和凝结的校园体育文化。这是校园体育文化的生活方式和意识形态的缩影。作为深刻的精神文化，一旦形成了“校园体育精神”，很有可能会对学校的成员产生难以抗拒的影响。无论学校的成员是相对固定的还是移动的，只要在这种精神氛围中，他们的心理就可以感受到一种激励和升华，从而在有意无意中被熏染并最终塑造出这种精神品质。大学自成立之初起，就不断吸收社会的体育精神和丰富的文化营养，组织形成了自己的体育精神中的重要部分，并在漫长的发展过程中保持了相对稳定的成分，随后持续调整和升华，成为大学文化精髓的一部分。

在校园体育文化的构建中，我们必须积极倡导高贵的体育精神、爱国心、集体主义、勤勉进取的精神，以及竞争和开拓者精神。在运动会上，学生必须接受教育，受公正的竞技、追求真实、实践性、遵守规则、尊重对手的体育伦理、培养高贵的体育道德的影响。校园体育精神是学校全体教师和学生共同创造的，作为广泛认知的价值观，具有看不见的团结和超凡魅力。在这种鼓励下，校园里的人们有着共同的理想、价值观、道德情感，以及校园里强烈的归属意识、责任感、荣誉。作为学校发展的一种潜在力量，校园体育精神无疑是一股巨大的激励因素，推动着人们在生活、工作和学习中积极进取，战胜困难，开拓创新，公平竞争。尤其在学校遇到挫折时，体育精神更会给人们以信念支持，从而成为人们摆脱困难、追求理想、追求发展力量的源泉和动力支持。校园体育精神一旦形成就不易改变，并且能够持续较长时间，能渗透到校园的每一个角落，在各个方面影响着校园人的行为方式和价值取向，因此，以体育精神促进高校学风、校风的建设意义将更为深远。

3.培养良好的体育道德和体育行为习惯

优秀的体育道德和体育行为习惯是大学体育文化构建精神层面的重要内容。大学是知识和才能集中的地方，大学生的意识形态和道德水平直接影响了我国社会主义未来发展方向。西欧各国和美国一般都同意通过体育活动来形成良好的人格和培养人的意识形态。另外，要最大限度地利用校园体育文化的教育和指导功能，组织各种体育活动，提高学生的思想和道德水平。在校园体育和文化活动中，要采用公正竞争、开放竞争、遵守规则、尊重对手、追求真理的实践体育道德和行动规范，来教育和影响大多数学生。通过体育活动，特别是团体竞技，道德教育更适合年轻学生的年龄特性，尤其是结合各种体育特征和要求，可以更全面地实现对他们的思想、道德和人格的培养。

十几岁的学生有着强烈的竞争欲望和好奇心。积极参加集体运动活动，运动会活动本身具有严格的组织和纪律，并且包含了丰富的道德因素，从而有助于培养学生之间的相互支持和友谊，有助于学生学习妥善处理个人与集体的关系、自由与纪律，进而加强集体责任感。运动会也能让人提起干劲，不断地给学生带来荣誉感。不骄傲自满、不气馁，这种精神本身就可以培养学生坚强意志的品质。因此，大学体育作为教育的手段，有着修正学生的不良道德的独特作用。

此外，要通过各种媒体宣传中国运动员克服在国内外大赛中遇到的困难、为国家争光、挑战人生的行为，从而激发大学生的爱国之心和民族自豪感，引导大学生找准人生方向，以更宽广的胸怀、更宽阔的视野担起时代的责任。

4.提高大学生的体育文化素养

大学生的体育文化素养主要包含：基本的体育知识、体育健康知识、体育评价知识、竞技体育知识等；基本的竞技体育技能、娱乐体育技能等；参加体育运动的意识、兴趣和习惯。

长期以来，人们对体育运动的理解总是把外界的目标作为终极目标，过分关注体育运动的临时性实际效果，而忽视体育文化素养的培养。因为大学生的知识层面比较高，而且已经有了一定的分析能力，所以大学体育的基本功能是为学生提供科学运动的理论知识和方法指导并由此来提升大学生的体育文化素养。因此，在现代高等体育教育体系中，如果缺少或削弱了体育文化素养这一教育环节，那么它所培养的对象就不仅会在身体上，而且会在精神品质上成为不健全的人。

5.贯彻落实各项体育法规，改进管理理念和管理手段

体育自中国近代学校开始起步，体育与音乐、美术一直被视为“小三门”在学校教育中处于备受冷落的地位。中华人民共和国成立后，国家对学生实行三好教育，提倡德、智、体、美、劳全面发展，但由于受传统文化“重文轻武”的思想及经济条件的限制，学校体育的合理地位并没有被真正确立，这种现象在高等教育中也不例外。改革开放后，特别是中共中央、国务院提出了实施素质教育，并强调了体育在素质教育中的基础地位之后，校园体育文化建设已成为高校文化建设中的重要一环。而高校要构建自己的体育文化，一定要认真贯彻落实各项体育法规，改进管理理念和管理手段，并根据学校的具体情况，因地制宜地制定相关的政策和实施办法，只有这样才能使高校校园体育文化具有强大的生命力和鲜明的时代特色。

6.完善高校校园体育物质文化建设

高校校园体育物质文化是高校体育文化建设的基础，是在高校体育文化中可感觉到的具有一定感染力的层面。一所高校的体育场馆及内部的器械布置，体育建筑的风格，学校所处的地域构成了校园体育物质文化。良好的体育设施，不仅能烘托出校园的体育文化环境，而且让学生一踏入校园就受到体育环境的熏陶，从而引起

学生心灵的冲击和对体育运动的向往。各高校应把校园体育物质文化建设纳入体育文化建设的整体规划，加大经费投入，提高体育物质设施的利用率使校园体育文化建设成为软硬件相统一、人文与自然相和谐的有机整体。

7.积极开展和承办各类体育赛事

目前，对口院校或数所院校间的单项友谊赛和对抗赛很受欢迎，通过组织竞赛活动，各高校间互通了信息，增进了沟通与交流，促进了了解，从而丰富了各校的校园文化生活。

在全国影响较大的当属北京大学和清华大学的赛艇对抗赛，这项仿效世界闻名的英国牛津大学和剑桥大学，美国哈佛大学和耶鲁大学的赛艇对抗赛的较量发展到现在其水平和影响力与日俱增，每到赛季，两校全体师生都热切地关注赛事，赛事还吸引了众多媒体和名人以及北京市民前来助兴，对两校校园体育文化的建设，营造浓厚的校园文化氛围起到了积极的促进作用。

此外，在体育界，人们对美国大学生篮球联赛也许并不陌生。1993年曾任阿肯色州州长的美国前总统克林顿，在当年的最后四强赛时曾公开表态支持阿肯色大学，甚至在冠军赛时还亲临现场观战。这对于大学生良好人格的形成和全面素质的培养，以及学校声誉和知名度的提高，起到了不可替代的作用，并在全世界产生了巨大的影响力。

伴随着改革开放的深入发展，各种体育赛事在中国高校也如雨后春笋般蓬勃发展，如全国大学生运动会、中国大学生篮球联赛（CUBA）等大型赛事在各大高校的成功举办，不仅提高了高校的办赛水平，而且活跃了高校的体育文化氛围，从而丰富了高校的校园文化生活。

8.利用校园网络，建立体育网页，丰富校园体育文化生活

随着信息技术的快速发展，现代社会越来越信息化，信息技术迅速渗透到社会生活的各个角落。网络文化成为信息社会校园人道主义环境的新开拓层面。它具有开放性、民主主义、即时性、综合性、虚拟性的特点。同时，网络文化受到年轻学生的喜爱，成为学生工作、研究的重要部分，并且对学生的世界观、人生观、价值观，以及个性的形成带来不可估量的影响。大学应充分利用最新网络技术提供的便利条件，建立校园体育网页，为校园体育文化的构建提供服务支持。

首先，要把重点放在为大学生提供体育教育服务的内容开发上。其次，建设在线体育俱乐部、多媒体教室、阅读室，为学生提供体育学习的空间，开放校园交流。同时开设体育锻炼、体育消费指南、体育鉴赏、体育康复训练、心理健康咨询等专栏，丰富校园体育的文化生活，还可以运用网上电子邮件进行体育交流或建立网上交流平台，为学生提供自主学习的方式。

进一步加强校园体育文化在大学的建设，为大学体育文化的多方面发展做出贡献。它有利于在大学形成良好的体育氛围，有利于构建大学的风格，有利于优化高校的育人环境，有利于提高高校的办学效益。

大学校园体育文化的构建，必须最大限度地活用自己独特的体育文化资源，构

建基于普及和提高的开发模式、紧紧把握校园体育文化的历史、现状、未来。找准现实中的热点，建设中的难点，发展中的最佳点。通过对我国高校校园体育文化建设的理论探讨，建构高品位的高校校园体育文化，使其在造就全面发展的高素质人才的过程中发挥独特的教育作用。

第五章 以增强学生实践能力为核心的实践教育

第一节 科学实践观概述

一、科学实践观的形成过程

从西方哲学史看，在不同的历史时期，不同性质和不同形态的哲学对实践概念的理解各不相同。马克思在经历了《德法年鉴》时期对以黑格尔哲学为代表的思辨唯心主义哲学和资产阶级政治、经济制度的批判之后，开始着手对以费尔巴哈为代表的旧唯物主义哲学进行彻底清算。马克思主义哲学在实践基础上实现了唯物主义和辩证法、唯物辩证的自然观和历史观的统一。

本书提到的科学实践观是以马克思主义科学实践观为主体进行叙述和指导的。马克思主义科学实践观是在经历了漫长的历史演变过程后才得以形成的。马克思等哲学家在对哲学进行研究时，经历了前中后这几个研究阶段，而共产主义思想是在这几个阶段的研究过程中逐渐累积和演变，最终形成的思想。根据相关的研究以及文献的考证我们发现，马克思主义科学实践观是在先后经历了五个时期的研究和总结才最终形成的一种观念。马克思对于“实践”这一概念的第一次解读是在《关于费尔巴哈的提纲》中进行的，在当时他提出了一种全新的概念，马克思认为，“实践”是人类的一种主观行为，其存在的意义在于对客观世界的改造和更新。后来人们对于这篇文章的评价极高，后人认为在这篇文章中包含着全新的世界观，也是能对这种全新的世界观作出解读的首个文件，所以它的意义非同一般。我们查看文献不难发现，马克思在其思想发展的每一个阶段都会有相应的著作发表。其中值得一提的是，象征着马克思主义哲学的诞生的作品是《德意志意识形态》，上文中提到的科学实践观和全新的世界观则是在《关于费尔巴哈的提纲》等著作中提到的，也是在他们的发表之后形成的。马克思曾针对“实践”这一概念进行了全新的解读，并将这个新思想发表出来，马克思在全新的解读中表示，理论的对立问题只有通过实践才能真正有效地解决，因此，实践这一行为并不属于认知这一范畴。在这一概念提出后，在《关于费尔巴哈的提纲》一书中，马克思就将所有的概念全部换成了“实践”。这里提到的“实践”便是科学实践观，与先前的哲学家所不同的是，科学实践观是马克思建立的一种全新的概念，是一种创新性的提出。这一概念不仅开启了实践的新时代，而且对这一概念进行了全新的解释并给出科学的定义。马克思不再完全依靠旧哲学的定义与理解，他对旧哲学的内容进行了分析和整理，也因此他与旧哲学决裂并且还改变了自己的思维方式，摒弃了旧唯物主义的束缚。马克思在提出科学实践观之后即对实践这一概念有了全新的理解和正确的认知，分析得到了能够使现实性等特性统一的方法，此方法的出现不仅解决了之前长期难以有效解决的哲学问题，而且改变了人们的思维方式，这一点可以说是在根本上进行了改变，从另一个角度解释，就是强调了人类本身的存在意义，突出了人类的意义，也是开辟了一个新的角度即在实践的角度上重新阐释了人与社会的关系。

1.马克思主义科学实践观诞生的理论基础

马克思主义科学实践观诞生的理论基础主要是指马克思对西方传统哲学实践概念的批判和超越。因为马克思哲学与西方传统哲学两者在根本上有着本质的不同，二者具有不同的实践观和世界观。从西方哲学史看，思辨唯心主义哲学主张理论理性高于实践理性，实践理性服从于理论理性，理论理性为实践理性提供最终依据和指导，如古希腊哲学家亚里士多德把人类活动分为理论、实践和创制三种类型。其中，实践是指人们日常的伦理行为或政治活动，其价值取向以符合共同体的“善的理念”为准则。又如康德通过对人类理性静态结构的分析，将人类理性分为理论理性和实践理性。虽然康德强调理性为自然、为人、为社会立法的价值意义，坚持“道德实践自由”的重要性，但这种“道德实践自由”只是为伦理学领域设计的应然状态，仍然从属于纯粹的观念范畴。黑格尔的实践理性虽然试图通过否定之否定的运动形式消除康德“理性自由”的抽象性、主观性，但他的实践概念并没有超出康德对实践理性的观念范畴。以费尔巴哈为代表的旧唯物主义者虽然强调人的物质客观性，人属于自然界的一部分，但是他们把人和自然界都当作一种“感性存在”或“感性直观”，而没有从人的感性活动和主体方面来处理人和外部世界的关系。因此，旧唯物主义是一种缺乏实践基础的机械的、直观的唯物主义。

马克思在批判唯心主义的思辨性、抽象性和旧唯物主义的直观性、机械性的基础上，着手对西方传统哲学进行变革，逐渐显示出自己对实践概念的不同理解和分析。早在大学期间，马克思深受德国古典哲学影响，对康德的道德实践自由、黑格尔的国家伦理自由、青年黑格尔派的自我意识自由尤为推崇和喜爱。但在大学毕业后，马克思在工作和革命生涯中不断地批判和超越传统哲学并持续地探索新的科学实践观。在《德法年鉴》时期，马克思写下了一系列经典著作，在批判唯心主义思辨哲学的同时，对实践概念进行了诸多方面的唯物主义探讨。在《〈黑格尔法哲学批判〉导言》中，马克思既强调理论批判的实践效能，又强调无产阶级革命实践活动的现实意义，从而突出了实践的革命活动意蕴。在《1844年经济学哲学手稿》中，马克思将实践理解为劳动，既对劳动与私有制、劳动与异化、劳动与需要、劳动与社会等问题展开多方面的探讨，对作为劳动实践性存在的人的自然属性、自然权利给予了充分肯定，又把人类物质资料生产实践视为人及社会存在和发展的前提和基础，初步展现了人及社会的劳动历史性生成。在《神圣家族》中，马克思驳斥青年黑格尔派对广大群众革命实践活动的鄙视，指出广大劳动人民的物质生产活动才是人类历史的真正发源地。1845年2月，由于法国当局和普鲁士政府的迫害，马克思被迫流亡到布鲁塞尔。在《关于费尔巴哈的提纲》一文中，马克思在批判和超越唯心主义和旧唯物主义哲学基础上，为实践概念注入新的内涵。

2.马克思主义科学实践观诞生的现实基础

马克思主义科学实践观的形成是与无产阶级的生产生活和革命斗争紧密联系在一起的。无产阶级的革命运动为马克思确立新的科学实践观奠定了感性的、现实的阶级基础。1843年10月，离开《莱茵报》的马克思接受青年黑格尔派成员卢格的邀请前往法国巴黎创办《德法年鉴》。面对日益高涨的工人运动，马克思深受鼓舞，不仅更加坚定了摆脱体系哲学，实现“哲学正在世界化”，使哲学走向现实的决心，而且对唯物主义与工人运动相结合所蕴藏的强大的现实的革命力量充满信心。在19世纪30—40年代，随着欧洲资产阶级国家对工人劳动剥削、压迫的不断加深，资本主义经济矛盾和危机频繁爆发，造成无产阶级和资产阶级的严重对立，社会秩序受到强烈冲击。历史已经表明，时代的发展和无产阶级的革命实践迫切需要以直面时代问题、维护广大无产阶级及劳动人民利益的新的科学理论作为指导。马克思指出：“哲学把无产阶级当作自己的物质武器，同样，无产阶级也把哲学当作自己的精神武器。”“哲学不消灭无产阶级，就不能成为现实；无产阶级不把哲学变成现实，就不可能消灭自身。”因此，创建能够使得无产阶级及全人类解放、实现人的自由全面发展的科学理论成为马克思面临的重要的时代课题。

由于以传统哲学为核心的资产阶级思想理论和价值一味地美化资产阶级制度并维护资产阶级利益，对解决社会矛盾，实现社会公平正义束手无策，这也迫切需要马克思对资产阶级理论进行彻底的批判和揭露。从马克思自身经历看，在中学和大学时期，马克思深受现代启蒙思想的影响，对封建专制统治深恶痛绝，对自由、民主、平等思想强烈向往，很早就立下为全人类自由和幸福而奋斗的宏伟志向。在《莱茵报》工作期间，马克思撰写了许多时政性评论文章，对底层民众的贫困生活有了更多接触，并在遭遇“物质利益表达难题”之后，对黑格尔国家观的“国家理性”“普遍自由”产生怀疑。在《德法年鉴》时期，马克思积极投入工人运动之中，深深意识到工人阶级的优秀品质和对科学理论指导的迫切需要。实际上，在1843—1844年，马克思在《黑格尔法哲学批判》及其导言、《1844年经济学哲学手稿》、《论犹太人问题》及《神圣家族》等著作中，对德国古典哲学和资产阶级社会制度进行了深刻批判。在哲学方面，这主要包括马克思以在克罗茨纳赫时期确立的费尔巴哈人本学唯物主义原则对黑格尔辩证法、青年黑格尔派“绝对自我”及“唯灵论荣誉”宗教神学的批判，从而卓有成效地促进了哲学与现实、理性与感性、唯物主义与无产阶级革命运动的结合；在社会制度方面，主要是对以传统形而上学为内核的资产阶级政治经济制度进行了揭露和批判，特别是对商品、货币、资本、私有制等经济学问题进行了深入剖析，重点挖掘了“资本逻辑”造成工人劳动异化的问题。马克思指出，生产力发展和社会劳动分工是人类劳动异化的自然原因，但是，思辨形而上学和观念论所虚构的私有制的绝对性、永恒性这一国民经济学不证自明的前提，才是造成工人劳动异化和异化固化的深刻社会根源。因此，资产阶级对无产阶级的奴役、压迫以及无产阶级的革命斗争实践，为马克思哲学革命提供了丰富的感性材料，成为马克思主义科学实践观形成的重要现实基础。

二、科学实践观的基本特征

马克思主义科学实践观诞生于《关于费尔巴哈的提纲》。马克思在继《莱茵报》和《德法年鉴》工作时期持续变革西方传统哲学的基础上，特别是在清算旧唯物主义哲学的过程中，形成了科学实践观。马克思主义科学实践观既不同于古代伦理学意义的实践观，又不同于近代认识论的实践观。马克思赋予实践新的科学内涵和本质特征，为无产阶级认识世界和改变世界奠定了正确的世界观和方法论基础。

在《关于费尔巴哈的提纲》中，马克思针对传统唯物主义存在的问题进行了思考，并指出问题的关键是如何对世界进行改变。但是，之前的哲学理论只是对"世界"的概念作出了解释，对问题的根本所在并没有明确，也没有从根本上解决这个问题。这时，马克思提出了全新的实践理论，这个理论对于后来哲学的发展产生了重要影响。马克思所提出的全新的"实践"概念融入了革命性等特征，他以此为基础，对世界观也给出了一个新的定义。值得一提的是，马克思提出的这一全新的实践理论几乎贯穿了马克思主义的全部发展过程。由此可见，实践的观点对于马克思主义哲学理论来说，其地位不可小觑。正因为如此，马克思主义才能与其他哲学理论有所区别，与众不同。其特点在于：

第一，实现了辩证唯物主义与历史唯物主义的统一。这从另一角度也可以理解为是对黑格尔哲学唯心主义体系的颠覆。黑格尔哲学唯心主义体系强调，要将思想放在客观的第三者的角度进行观察分析，这可以让自己认清自己的思想，对于自己的想法有一定的主动性。虽然相对于旧唯物主义来说，唯心主义有了一定的进步，对于科学观有了一定的融入，但是由于唯心主义对于人类的精神活动过度强调，过于直接地把一切的实践活动都归结于精神层面的活动，因此，在唯心主义那里，一切问题都是非常抽象的，仅针对人的精神层面和主观层面，过于片面。

这个问题的关键就在于唯心主义单纯地把实践活动概括为精神活动，但实践活动只是拥有精神层次的活动性和能动性。分析到这里，我们就不难看出，以黑格尔为代表的唯心主义者并没有正确认识实践的意义，他们只是从精神层次出发，主观地去认识实践，对于实践的本质和实践与人类的关系并没有把握，对于实践的本质所在也没有进行深刻的剖析。如果按照他们的思想进行分析，那么从思维和存在的关系来看，实践与人的本质是一样的。虽然唯心主义者在主体能动性上的认识是正确的，但是因此断定其客观存在性是错误的，显然这种想法过于片面。由此也可以看出，黑格尔的观点是在唯心主义的基础上得出的，他摆脱不了唯心主义的思维方式。

马克思针对唯心主义的缺陷和错误进行了反驳，从以下两点颠覆了黑格尔哲学理论中的唯心主义体系：其一，世界的统一性主要体现在其物质性上。人类只是作为这一物质世界的一小部分，并不是其全部存在。实践活动的出现可以看成由物质产生的，也是通过物质发展的，同时又受制于物质，在最后也通过物质呈现出来。同时，人类的精神是作为一种特殊现象存在的，它也是物质衍生出来的一种现象。这是马克思辩证唯物主义存在的基本前提。其二，自然界和人类社会是整体和部分的关系。自然界作为一个整体而存在，人类社会只是其中的一部分，人类在自然界中发展，自然界为人类提供生存和发展环境。由此可以看出，人类只有以实践为载体进行活动，才能处理好人类社会与自然界的关系。可以说，实践是人类与自然界之间的桥梁和纽带。自然界与人类社会因为实践的存在而相互依存、相互关联、相互转化。因为实践的存在，自然界和人类社会是统一的关系。

第二，认识世界的目的在于改变世界。马克思批判性地对黑格尔哲学中的理论观点进行了划分和吸收，特别是针对其中的精神劳作创造世界理论，马克思将其推翻和颠覆，提出了自己的理论，帮助人类了解实践的本质，并通过以实践为载体的劳动改变社会、创造历史。

人类社会在不断前进，物质也随着实践的推移不断变化，基于实践的劳动在人类社会的影响下不断发展。可以说，马克思主义科学实践观是以感性和物质形式存在的，实际上是人类通过实践的方式在改变自我的同时，影响自然界的发展和社会的进步。总的来说，人类通过实践不仅直接地改变了外部世界，同时也通过实践改变了自身，再通过人类自身改变世界。

第三，认识世界与改造世界、改造客观世界与改造主观世界之间是辩证统一的，这一观点要站在历史观的角度来认识和理解。在马克思看来，整个世界历史不外是人通过人的劳动而诞生的过程，是自然界对人说来的生成过程。历史的发展包括人的变化和物质世界的改变。所以，历史的进程既离不开人类的活动也离不开物质的进化。马克思继《1844年经济学哲学手稿》之后，在《德意志意识形态》中详细地解释了人类的各种物质性和基于物质的实践活动。这种思想的提出也标志着马克思主义哲学已经走过了诞生的初期，经历了进化，开始走向成熟。

三、科学实践观的中国化以及当代意义

理论的生命力在于应用，马克思主义科学实践观在指导中国革命、建设、改革的过程中，展现出了强大的生命力。中国共产党领导人坚持和发展科学实践观，在将其不断中国化的过程中，实现了理论的创新发展、实践的重大突破。

1. 马克思主义科学实践观的中国化

毛泽东1925年发表的《中国社会各阶级的分析》、1927年发表的《湖南农民运动考察报告》以及1937年发表的《中国共产党在抗日时期的任务》《实践论》等，都表明毛泽东重视对社会实践进行考察调研。毛泽东坚持和发展了马克思和列宁的实践观，并拓展了实践的内涵。人的社会实践不限于生产活动这一种形式，还有多种其他形式，如阶级斗争、政治生活、科学和艺术活动等。总之，社会实际生活的一切领域都是社会的人所参加的。换言之，实践包括物质生产实践、社会政治实践

和科学文化实践。邓小平支持《实践是检验真理的唯一标准》，认为实践是一个动态变化、不断发展的过程，应当在具体条件和具体历史语境下去分析和把握。他解放思想，推行改革开放，提出实践是检验真理的标准。他认为搞社会建设就是一种伟大的实践，要“敢闯敢冒，大胆试验”。邓小平所提出的改革开放、三个有利于标准、以经济建设为中心和发展是硬道理等精辟论断，都是对马克思主义科学实践观的创新发展。习近平新时代中国特色社会主义思想蕴含丰富的实践观。进入新时代以来，党中央关于全面深化改革、全面依法治国等重大决策和“十三五”规划、“十四五”规划以及京津冀协同发展、长江经济带、粤港澳大湾区、长三角一体化、黄河流域生态保护和高质量发展等重大战略，都是在习近平总书记深入调查研究中形成的。

2.马克思主义科学实践观的当代意义

马克思主义科学实践观是以实践作为主体、以人类的劳动活动作为表现载体，倡导的是在自由开放的环境下使人类不断发展，使社会得到进步。每个个体的发展是人类社会发展的基本条件，同时每个个体的发展和行为又关乎着整个社会的发展以及时代进程。中国特色社会主义建设是马克思主义哲学与我国的国情民情相结合所开辟的我国特有的、符合我国发展道路的国家发展体系，即马克思主义中国化。由此可见，马克思主义科学实践观是科学的观点，对于相关思想的发展是具有指导作用的。在我国深入推进中国特色社会主义建设实践时，在其发展的道路上一定会出现越来越多的问题，在这个时候，就需要把马克思主义的思想与我国的实际情况相结合，用马克思主义的哲学观来解决这些问题就显得尤为重要。当前，马克思主义是实现中华民族伟大复兴的强大思想武器，是坚定信仰信念、把握历史主动的理论基础。同时，中国特色社会主义理论体系也是指导我国社会进步的一项重要指引，在这个全球经济飞速发展、网络信息化逐步实现全覆盖、各国文化高度交锋交融的背景下，马克思主义中国化对于我国的社会发展、经济建设、文化进步等方面有着关键作用。

（1）坚持实践思维方式，继续推进马克思主义的理论创新

从认识世界到创新世界，这在哲学上称为思维方式的变化。这种思维方式转变的核心在于我们思考问题的目标已经发生了变化，从之前的“是什么”变化到了“怎么做”。马克思的实践观是排斥康德式的先验论和本体论的。这种思维方式的转变对马克思主义哲学而言，是一种重要的进步和飞跃，必将推进马克思主义理论的不断创新、不断向前发展。

（2）坚持实事求是思想路线，发挥实践主体在革命和建设中的主体作用

马克思主义的中国化、时代化、大众化，始终是21世纪马克思主义仍然要面对的问题。而中国革命和改革实践中遇到的问题，必须以马克思主义为指导。面对新时代、新环境、新问题，每一代领导集体都根据所面临的具体的世情、国情、党情的变化，实事求是地制定国家发展的大政方针，牢固树立群众是实践主体的观点，尊重群众的创造性，坚决执行党的群众路线，努力践行从群众来、到群众去的

群众工作方法。在尊重客观规律的基础上，积极发挥主观能动性，保持头脑冷静，做到实事求是，与时俱进，大胆创新。总之，只有坚持和发展科学实践观，发挥人民群众的伟大作用，才能不断破解中国发展的现实难题。

（3）坚持与时俱进，充分发挥马克思主义理论对实践的指导性作用

马克思主义自诞生以来，始终坚持理论联系实际、与时俱进，因此才可以在实践的基础上不断开拓创新，才能够在不同的时代产生最新的理论成果，指导各个时代的革命和建设的实践。国际舞台风云变幻，局部冲突和动荡频发，全球性问题加剧，各种社会思潮汹涌澎湃、跌宕起伏。在这种背景之下，我们要更加坚定马克思主义实践观，深刻理解马克思主义理论对于社会发展的重要意义及理论核心，做到在理论的指导下进行实践，在实践的过程中求取真知，在实践中进步，在实践中发展，与时俱进，奋勇向前。

第二节　搭建广泛的实践平台

一、搭建实践平台的重要意义

我国进入建设创新型国家、构建和谐社会的伟大历史进程，迫切需要大学能够培养出知行合一的创新型杰出人才。党的十八大对创新创业人才培养作出重要部署，提出“大众创业、万众创新”，培养大学生实践能力，使我国大学生教育更加全面，注重素质教育已经成为我国的教育关键。社会实践是培养大学生全面发展的重要路径。通过社会实践，大学生可以深入实际、体验生活、认识国情、接受教育、增长才干，积极投身社会建设，增强社会责任感，在实践中培养创新精神和实践能力。

1.实践的内涵与意义

关于什么是实践，历代哲学家的解释不尽相同。可以明确的是，“实践”一词并非由马克思所独创，但是科学实践观在马克思之前一直未能形成。早在两千多年前的古希腊时期，“实践”一词就出现了。学术界一般认为把“实践”首次引入哲学的是亚里士多德。亚里士多德将实践理解为伦理和政治领域的活动，认为“实践是使灵魂获得平衡状态的具体的活动”。康德提出了“实践理性”的观点，认为实践理性通过规范人的意志而支配人的道德活动，进而使人达到目的。在这里，康德与亚里士多德一样，同样把实践定位于与人的生活和人的存在密切相关的道德领域，主张通过实践理性规范人们的行为，从而实现善的理想。黑格尔在吸收康德有关思想的基础之上又有所发展，他将“劳动”和“实践”这两个概念一起作为全部哲学的基本范畴进行论述。同时，黑格尔也对实践的内涵进行了阐释。他认为，实践是主体“凭借主观的内在本性，以规定并改造客体的活动”，强调实践具有受主体意识支配的自主特性。但是实际上，黑格尔所讲的实践是一种抽象的理念活动，是“绝对精神”的外在的实现手段，该观点在本质上是唯心主义的观点。在旧唯物主义实践观方面，费尔巴哈是代表人物。他批判了黑格尔精神性实践，将实践理解

为与理论、思维、学问相对的生活、行为、现实等感性活动。费尔巴哈认为实践有着比理论更高的地位，强调“比渊博的征引更加有用到无数倍的，却是实践，却是生活”。这一观点与黑格尔相比，具有明显的进步性。但是，他所理解的人不是社会的、具体的、历史的人，而是抽象的、生物学意义上的人；他所指的“生活”不过就是吃喝、享用对象等一系列生物适应环境的行为，他所论述的实践只是个人的生活实践而不是社会实践。马克思之前的哲学家们对实践的理解都存在这样或那样的偏差，究其根源，在于他们都未能从根本上理解实践所蕴含的矛盾特性：一方面，实践是人类所特有的、能动的活动，包含着人的目的、意志、创造力等主观因素；另一方面，实践不能超越一定的物质手段和物质条件，必须遵循客观规律，以现实条件为基础。正是这样的矛盾特性，使得马克思之前的哲学家一直难以准确把握实践的要领。

马克思在批判和继承先哲们成果的基础上创立了科学实践观，认为“环境的改变和人的活动一致，只能被看作并合理地理解为变革的实践”；列宁继承马克思的观点，认为主客观的“交错点＝人的和人类历史的实践”；毛泽东则进一步把实践规定为“主观见之于客观的东西”。实践作为主观与客观的交会点，是以主观的想法指导的客观的活动，再通过客观的活动反馈给主观的认识。正是因为实践的这种交融性，人类才能通过实践将存在于人的意识之外的“外在之物”转化为满足于人类需要的“为我之物”。综上，马克思主义实践观认为，实践是人类能动地认识世界和改造世界的客观物质性活动。

2.社会实践的内涵与意义

马克思主义哲学意蕴上的“社会实践”涵盖了人类社会生活领域的一切活动，它包含了变革自然的生产实践、处理社会关系的实践以及创造科学文化的实践三种基本形式。物质生产实践是人类为了谋求物质性生活资料而进行的改造自然、创造具有使用价值的物质产品的活动，它解决的是人类生存发展的第一需要，是人类实践活动中最为基础性的形式，决定着其他实践类型的发展。处理社会关系的实践是协调人与人、人与社会之间关系的实践活动，在实践过程中，人和人之间的矛盾和问题可能得到一定程度的解决。随着实践的物质化或者说在物质行为中实践观的影响，人类的物质生活和精神领域有了交融，而且随着社会的发展、交融的增多，伴随而来的便是以创造精神文化为目的的实践活动。

3.大学生社会实践的内涵与意义

关于“什么是大学生社会实践”“大学生进行社会实践的意义在哪里”这两个问题，相关学者给出了自己的解读。胡树祥、吴满意认为，大学生社会实践是人类实践活动的重要组成部分，是学习性、社会性、成长性的实践，侧重从马克思主义实践观的角度对大学生社会实践的内涵作出界定。陈群认为，“大学生社会实践以‘做中学’‘合作教育’为基本教育理念，以高校管理为主导，以各级政府、社会组织与机构的支持为依托，是发挥大学生主体性的多样化、系统化的社会参与活动，是高等教育的重要途径”。这一界定是从大学生社会实践的理念、多元主体参与的角度给大学生社会实践作出综合性的定义。

根据这些学者的观点及其影响，我们可以得出关于大学生社会实践的以下观点：第一，大学生社会实践既是人类社会实践的一部分，又是大学生思想教育的主要组成部分之一。第二，大学生社会实践具有参与主体多元化的特点，高校、政府、社会组织机构以及大学生都是大学生社会实践的相关主体，其中大学生是社会实践的核心主体。第三，大学生社会实践具有社会化、教育性等多重功能。

二、实践平台搭建的实现路径

大学生社会实践是学校与社会的一个重要结合点，可以将学生的书本知识运用到实践中，不仅是进行大学生全面素质教育的途径，也是高校实践教育的重要内容。社会实践可以全面提升大学生综合素质、帮助大学生更好地进行知识应用与创新、全面培养大学生的创新型人格。高校可以结合当下的社会背景和各自实际情况，以培养大学生实践能力、全面提高大学生综合素质为目的，通过多种渠道，构建完善的社会实践平台，拓展社会实践渠道。

1.纳入教学培养体系

首先，把社会实践纳入教学计划。关于社会实践内容的安排，可以结合课堂教学和理论教学安排，把社会实践纳入教学计划，结合人才培育总体目标和课堂教学具体需求来组织实践活动，提高实践内容与教育目标、学生专业的一致程度，做到真正的教学指导实践、实践补充教学。

其次，构建实践与教学的对接平台。高校可以各类主题实践活动、专业实习等活动为依托，同时开设思想政治教育课程，积极联系和创建课外实践资源，并且积极实现课堂内外的关联，开展与课堂教学相衔接的社会实践活动。

最后，完善综合素质评定体系。高校可以规定社会实践的学时与学分，把大学生在社会实践中的成果与表现作为期终考核的一部分，纳入课程学习的考核评定体系，从而消除部分大学生担心社会实践浪费时间、耽误学习的后顾之忧。

2.建设指导教师队伍

关于指导教师队伍，应培养和选拔社会实践的专职教师及行政人员，定期进行选拔、培训、评比，建立健全完整的社会实践专职人员培养体系；同时，应鼓励任课教师在承担教学工作之余，结合自身所长与教学需求，适当承担社会实践的指导和培训工作，壮大指导教师队伍。在指导老师之间，应定期开展相关培训及交流会，进一步提高指导教师队伍的专业化水平，从而更好地帮助大学生有序地开展社会实践，取得良好效果。

3.创新实践活动形式

社会实践是培养大学生道德素养、提高大学生思想政治水平的重要方式，社会实践更要积极主动地配合思政工作，以提高育人实效。首先，要重视社会实践工作，长期或者有针对性地建立工作小组或者领导小组。在活动开始之前，应明确当年实践主题及立项指南，引导广大学子在社会实践中深入社会、了解国情、接受锻炼、增长才干、树立和践行社会主义核心价值观。其次，理论教育和实践教育相结合是高校思政工作的有效方式，社会实践与思政课堂的结合是促使二者双向受益的举措，在提高社会实践内容针对性的同时，也提高了思政理论教学的感染力和说服力，提高了大学生对理论教学的内在认同度。因此，应根据思政理论教学每一阶段的教学重点问题，设计与其主题一致、内容相关的社会实践活动，并把它作为思政理论教育的一个重要组成部分，纳入最终评定与考核中去。

脱离了实际内容的社会实践终将走向形式主义，社会实践在思政工作中作用的充分发挥是以实践内容的针对性为前提的。时代在向前推进，僵化则意味着退步。大学生是社会实践核心参与和最终受益的双重主体，其主体地位的彰显是社会实践实效性得以保障的基础。所以，社会实践要紧扣时代特点，结合不同时期的社会热点来设计实践内容，进而引导大学生关注时局，了解国情、社情、民情，明晰责任与使命；推动社会实践与社会热点的结合，让大学生在内容丰富、形式多样的实践活动中为国家发展建言献策，同时有所提高。在实践活动中，应赋予大学生更多的自主权，让他们充分地根据自己的需要来开展社会实践活动；要在学生中积极动员，精心组织，创新工作方式，引导大学生发挥聪明才智，集思广益，积极申报各类选题。大学生可以自主选择实践主题、拟定实施方案、进行相关的准备工作，教师在大学生构想的基础上可给予适度指导，通过这一方式确保大学生的主体作用贯穿社会实践始终，充分调动大学生的创造力、想象力。

4.充分发挥政府的宏观统筹作用，拓展社会实践渠道

政府是政策的制定者又是政策的执行者，在大学生社会实践中承担着宏观统筹的功能，为大学生社会实践的顺利开展统筹多方资源、提供必要支持。政府对大学生社会实践历来高度重视，但相对应的政策、制度有待进一步落实，需要在这些方面加以改进，积极为大学生搭建和提供优质的社会实践平台，为其社会实践提供必要的平台保障。

大学生参加社会实践的内容主题极其丰富、涉及主体众多，并非哪一方面单独作出努力就可以为大学生社会实践营造出一个优质的实践环境。它还需要动员多方力量，形成社会合力，开创共同支持大学生社会实践的新局面。例如，可以将社会实践拓展到生产实习、技能实践及创新创业等很多方面。根据人才培养要求，可以实行学校与企业的联合培养模式，相关企业可以通过一线的实践基地，学校方面可以制订培养计划，到企业内部进行实习或者将社会实践与毕业设计等内容结合，使社会实践融入其中，同时可以聘请企业技术专家指导大学生开展毕业设计工作。校企联合社会实践基地的建立，为大学生提供了理论联系实际、课内课外有机结合的机会，大学生的创新能力在实践中得到了巨大提升。

三、实践平台搭建与人才培养的关系

教育必须从实践出发，以实践作为根本手段。实践在所有的教育中都有所体现，反映出教育、社会、人之间的各种关系，我们可理解为这是实践的教育属性，也可以理解为这是教育的实践属性，因为教育和实践的存在往往是统一的。实践与知识一样，其本质特征不会因为客观因素的改变而发生本质的变化。社会实践活动

是大学生参与社会生活、将“知”应用于解决实际问题的一种实践形式。相对于在课堂上进行的操作、实验等实践形式而言，社会实践活动将教育的实践属性和社会属性结合在一起，积极推动大学生与社会接轨，让大学生与社会共同发展，构建起学校教育中的“社会生活”。正是从这个意义上，被誉为“创立美国教育学的首要人物”的教育家杜威就曾提出“教育即生活”“学校即社会”的思想，主张人们在社会中参加真实的生活才是身心成长的正当途径。中国教育家陶行知发展了杜威的教育理论，提出“生活即教育”“社会即学校”“教学做合一”三大主张，推动了中国教育的发展。社会实践对创新人才的培养来说，是一个非常重要的平台，对创新人才的培养具有非常重要的意义。

1.全面提升大学生的综合素质

在当今的社会背景下，社会实践已经成为高校教学的一个重要组成部分，已经实现了与课堂教学的衔接与融合。同时，社会实践还作为思想政治教育的一个主要途径，对于大学生的思想政治教育具有重要作用。各高校提高社会实践的质量，创新社会实践的方式，这些都对大学生综合素质的提升起到了一定的作用。现代高等教育的最高价值是培养全面的、身心和谐的人。参与暑期社会实践是大学生接受实践教育、素质教育、社会教育、综合教育的重要途径，可以引领大学生主动接触、深入了解社会，开阔视野，进一步熟悉国情，进而培养服务社会的责任感和使命感，树立正确的世界观、人生观、价值观。同时，在社会实践中，也能锻炼大学生的主人翁意识、磨炼意志、锻炼毅力，增强科学精神、团队合作精神，提高他们的独立思考能力、系统思维能力、独立活动能力，提升综合素质，为大学生全面发展、为培养综合性应用型高素质人才打下基础。

2.帮助大学生树立创新型人格

在国外，对于创新型人才的培养大多是从心理学的角度出发，在强调人格全面发展的同时，突出创造性思维、创造性人格。通过参与社会实践，可以在实践的过程中提高大学生的自信心和团队合作意识，帮助他们尽早适应社会，培养人际交往能力。此外，在社会实践中，大学生走出大学的“象牙塔”，没有了校园的庇护，大学生会在实践过程中会遇到种种困难，而在解决这些问题的过程中，大学生会逐步地成长，锻炼了他们的意志，这对于他们毕业之后步入社会有着显而易见的作用。通过挫折教育，大学生可以尽早适应社会，克服恐惧心理，培养起战胜困难的决心和意志力，有利于他们快速成长。在社会实践中，大学生的创造性人格特质都能够得到充分锻炼。此外，社会实践可以促进大学生知识的应用及创新。在目前的教育形势下，大学生从小到大学到的大多数知识都是从书本上获取的，通过实践获取知识的机会非常少。社会实践可以给大学生提供深入社会和体验社会的机会。通过开展社会实践活动，大学生可以用自身体验来认清社会的本质及社会问题之所在，从而获取他们一直缺少的直接经验与感性知识，运用并检验所学知识，拓展自己的思维方式，让他们的思维跳出书本及有限的课堂，更现实、全面、客观地分析问题、考虑问题，从而进一步促进他们对所学知识的再思考和创新。

3.社会实践是大学生社会使命担当的价值平台

“受教育、长才干、做贡献”是我国大学生社会实践的核心宗旨。在不同时期，我国大学生社会实践的宗旨会随着社会背景和大环境有所变化，但是不论其内容的变化多大，宗旨都在于培养大学生的社会责任感与担当意识，社会实践的最终目的也是为国家培养勇于担当、各有所长的社会主义建设者和接班人。20世纪50年代抗美援朝时期，山东大学全校学生组织起来，利用所学专长，以自制海鲜罐头、洗印相片、刻蜡纸等方式，捐赠了一架战斗机。专业知识转化为成果的自豪感、保家卫国的社会荣誉感和使命感这些感受在深深触动大学生内心的同时，也在体现着社会实践的作用。20世纪八九十年代，党中央、国务院连续出台了大学生社会实践指导意见，大学生也在学校的安排下，有计划、有组织地开展社会实践活动，使社会实践的体系逐步形成。此后，我国大学生社会实践的内容逐渐丰富，包括深入企业、工厂开展技术协作、技术培训，深入社区机构进行社会调查和咨询服务，送科技、卫生、文化下乡，助力乡村振兴，还以多种活动形式参与社会民生与经济建设。这些不仅对大学生教育意义非凡，而且对社会的发展起着关键的促进作用。随着社会实践的进一步发展，如今我国大学生已经成为社会实践主体之一。社会实践的进行让大学生的思想境界有所提高，开始从社会的角度审视自身的价值，不断提升自身对于国家、社会的责任感与使命感；在实践的同时，大学生拓宽了视野，激发了他们的创造潜能，加强了个人成长与社会进步的联系。

第三节　构建完备的实践管理体系

一、目前高校实践管理体系的现状

当前，高校对人才培养的模式已经不再是单纯的培养学术型、应用型人才，而是在此基础上加入了创新应用型、复合型、技能型人才培养模式，逐步实现人才培养模式的转变。《关于进一步加强高校实践育人工作的若干意见》指出：“各高校要坚持把实践育人工作摆在人才培养的重要位置，纳入学校教学计划，系统设计实践育人教育教学体系，规定相应学时学分，合理增加实践课时，确保实践育人工作全面开展。要区分不同类型实践育人形式，制定具体工作规划，深入推动实践育人工作。”目前，大部分高校已按照《关于进一步加强高校实践育人工作的若干意见》分类制定实践教学标准，增加了社会实践教学的比重，结合实际情况详细安排社会实践相关内容，积极构建或者完善社会实践管理体系，确立了社会实践学分管理制度，明确在校大学生必须按照相关要求，按照学校的教学进度，参加社会实践相关项目。在实践过程中，必须按照社会实践的管理要求严格实行，完成大学生在校期间的实践教学内容。

从目前的高校社会实践指导工作中可以看到，不论是校方集体组织社会实践活动，还是学生个人自行联系实践单位，学校主要是按照相关要求，按照实践的时间、次数等对大学生的实践情况进行整体考核，再按照社会实践内容、单位鉴定等几个部分对参与社会实践的实际情况、参与程度等具体内容进行细致考核，但是在大学生参加社会实践的具体内容安排、时间制度管理、学生的考评机制、学校的社会实践管理机制等方面都还存在一定问题。

1.个别学校流于形式

目前，大部分高等院校都会开展暑期社会实践，但是一些学校的社会实践只注重形式，强制要求学生参加。实践形式仅有少数几种，学生往往只参与一两天。一些高校出现了“走过场”现象，并没有发挥出社会实践的真正效用。大学生社会实践的目的是接受实习训练，将在学校学习的知识与社会所需相磨合，但是，流于形式的社会实践根本达不到社会实践的预期目的。实践能否产生相应的效果，能否提高大学生的理论与实践相结合水平，关键还是在于大学生实践的强度和深度，我们必须深入了解进行社会实践的目的。对于社会实践，一些大学生没有深入的认识，对于活动的目的和意义也没有充分理解。

2.实践制度以及实践反馈不够完善

当前，大部分高校的社会实践工作是由校团委统一负责的，同时需要各个学院的相关工作人员配合，再由各个学院的相关负责人将社会实践的相关通知下发到大学生的手中。这样分散且多级的管理机制会在运行的过程中产生很多麻烦甚至是问题。高校对于社会实践的组织管理缺乏一定的机制，一般来说，在大学生进行社会实践之后，校方只会根据大学生上交的相关材料进行评审，缺乏审查其真实性的过程。对于实践报告，学校也不会进行仔细的审阅，这些都使得在每年的社会实践之后缺少良好的反馈和展示，社会实践的成果和价值往往大打折扣。总体来说，还是缺少一个详细的评审机制，对于细节的处理尚不到位，反馈机制尚未完善，对于社会实践的最终效果没有进行科学的评判。

3.对社会实践的重视程度不足

我国目前的社会实践并没有受到足够重视，一方面在于大学生自身对于社会实践的认识不够充分，受教育思想固化，仍然停留在之前的受教育观念上，对社会实践的理解也没有更新。目前，大学生本身、学校对社会实践的不重视限制了大学生社会实践的发展。另一方面学校对社会实践的支持力度不大，有的高校领导认为，大学生在社会上的实践是一种“软”任务，对学校工作并不是十分重要，也就没有调动学校的力量支持这项工作，而且资金不实，人员也不到位。此外，有部分家长认为，大学生在校期间的主要任务就是学习，进行社会实践的意义不大，甚至是毫无用处的。此外，教学科研没有对社会实践进行深入的研究，没有提供足够的理论基础。

二、实践管理体系构建的基本原则

1.要充分结合时代特征

中国特色社会主义进入新时代，思想政治教育改革发展也应该符合时代要求，符合社会发展的主旋律。特别是面临严峻复杂的国际形势，高校更应该紧密结合新时代特征，推进思想政治教育在改革中创新发展，不断推陈出新，打造一大批符合社会要求的实践活动。通过社会实践活动，引导大学生坚持中国共产党的领导，树立为人民服务的价值观，培养新时代大学生应该具有的使命感与责任感；鼓励大学生积极投身到社会中去，服务人民、服务社会、服务国家。在新时代，高校思想政治教育起着举旗定向的作用，更多承担着“方向盘”“助推器”的作用，高校思想政治教育要自觉服务于当前党的经济建设工作、服务于国家发展的方针政策。高校思想政治教育的时代性体现在大学生的学习过程中，就是寻找集体利益和个人利益平衡点的过程，就是固化思维与创新思维碰撞的过程，就是社会生产方式、生产关系多样性和大学生选择性融合的过程。这个过程本身需要大学生愿意面对新事物而且做好准备，如果不结合时代特点，不利用好一些关键的事件，大学生对教学目标的感触有限，容易产生“用非所学”的疑惑和迷茫心理。高校思想政治教育工作者要及时与大学生进行沟通，了解他们最真实的想法，掌握他们思想复杂性的特点，通过可把握的时间节点、相对容易理解的社会实践方式，将思想政治教育的内涵展现出来，不断提高高校思想政治教育的层次。

2.要充分结合青年全面发展的要求

高校思想政治教育需要服务于“以人为本”的大前提，关注青年的全面发展。在社会实践中，需要提升大学生方方面面的能力，这种能力是符合新时代社会发展需求的。在新时代，对比传统的青年德、智、体、美、劳的发展，青年更需要有新媒体能力、心理调整能力、抵抗压力能力、敢于担当能力。思想政治教育体系中的实践育人就是要培养青年新时代需要的新能力、培育青年良好的心理素质以及积极乐观、勇敢坚强的个人品质等。同样，在实践方式的选择上，要符合青年对时代的认知，寻找兴趣性和工作性的结合点，让青年能感觉到自己在社会实践中有所成长。传统高校思想政治教育模式最大的缺点就是不能“以学生为本”，教育的成果往往用考试的成绩来判断，也就是说，仅仅是知识层面的考核，而忽视了高校思想政治教育过程对大学生综合能力的提升，没有达到“教育效果最大化”的目标。思想政治教育对大学生为人处世、道德品德的影响是不可忽视的，在大学生道德品质的形成过程中，社会实践能够起到联系主客观世界、加快道德品质形成的“催化剂”作用。思想政治教育影响作为外部因素，只有与学生的需要、动机、情感、意志等心理因素发生作用，让大学生感受到自身素质的提高，大学生才有意愿参与到教育过程中，发挥自身的主体作用，将“要我学”变成“我要学”。

3.要做好社会和课堂的衔接

打造以社会实践为核心的思想政治教育体系，不是割裂课堂思政教育和社会实践工作，而是实现社会和课堂的有机结合，将课堂知识点与社会实践相互对照，将社会现象用课堂所学去进行更深层次的剖析，将人才培养与社会需要之间衔接得更加顺畅，达到提升个体思想觉悟、完善个体行为模式的目的。同时，还要不断提升思想政治教育的吸引力和感染力。以社会实践为核心的高校思想政治教育体系，构建了“社会、学校、学生”三位一体的整体模式去实施教育。无论是高校授牌博物馆等作为“大学生思想政治教育基地”，还是地方政府协调地方企业或中小学资源作为“大学生课外实践基地”，寻找一个合适的地方，把思想政治教育元素高效且自然地融入其中，让大学生参与到社会实践中，进而实现社会实践管理机制的改革与完善。学校为思想政治教育提供科学指引，目前国内绝大多数高校将社会实践作为马克思主义学院开设的课程之一，对社会实践的要求和开展节点进行了科学设计，并纳入教学计划中，给予一定的学分。在以社会实践为核心的高校思想政治教育体系中，高校指导教师是一个重要部分。也就是说，以社会实践为核心的高校思想政治教育体系不是把学生丢到社会中不管不顾，让学生在“试错”中感悟社会，而是要设计好授课的教学手段，在课程中根据学生的需要和课程设计的目标启发、引导大学生在潜移默化中提升思想道德素质。

4.要尊重思想政治教育规律

“内化外化律”是思想政治教育的一个基本规律，在思想政治教育过程中，既需要教育者有目的、有计划地提出教育要求，又需要受教育者将教育要求转化为行为和习惯。受教育者在认识到思想政治教育的意义后，在社会实践过程中将意义转变为实际的行为，再在社会实践中通过自我的反思和社会的评价，对思想政治教育认识进行再加工，形成印象更深刻、更容易外化的思想政治教育认识。在这个过程中，教育者的引导作用要贯穿始终，以保证思想政治教育认识向更高层次发展，而不会跑偏或者变形。但也应当认识到，以社会实践为核心的高校思想政治教育并不是通过社会实践完全地代替传统的思想政治教育，换一种理解，就是两者并非完全相同、可以互相代替。在思想政治教育体系中融入社会实践，其目的在于更多是通过思想政治理论筛选适合的社会实践，不是所有的社会实践都可以纳入思想政治教育体系中。同样，也不能为了社会实践而忽略了思想政治教育的基本原则。另外，在大学生社会实践中，如果出现一些问题和矛盾，我们可以从思想政治教育角度思考和解决问题，而不能只从社会的角度去解决思想政治教育层面的问题。高校的思想政治教育是符合教育规律的有组织、有目的的行为，这就决定了高校的思想政治教育工作具有科学性，社会实践无法承担思想政治教育中抽象概念的讲解过程，也无法忽视教育者在其中所起的引导作用的重要性和必要性。

三、以实践能力培养为核心的管理体系架构

高校社会实践指导工作包含教师对社会实践的目的、意义进行解读，对社会实践的形式与内容进行设计，指导大学生在规定的时间内完成实践任务。教师还需要对实践的成果及意义进行评估，带领大学生针对社会实践的内容进行回顾和总结，相关的工作人员要对实践中出现的问题进行反思并及时解决纠正。社会实践的直接目的就在于：通过社会实践的方式，使学生在实践过程中加强对专业知识的认识与理解，深化课堂教学内容，提高对专业的认知程度；提升学生自身的思想政治水平，提高个人思想修养；促进学生成长为社会适应力强、专业素质过硬的应用型人才。

1.构建实践内容指标体系，强化学生责任意识，规范学生专业实践

从专业实践角度分析，大学生在社会实践的过程中将专业知识、专业技能与实

践内容有机结合起来，在对所学的知识进行梳理和回顾的过程中，加深对理论知识的理解。社会实践对大学生所学内容的立体化呈现，可以进一步深化课堂教学内容，使大学生对所学内容能够牢记于心。大学生在真正步入工作岗位时，可以充分发挥专业知识熟练的优势，将理论知识最大化地运用到实际的工作当中，真正实现学以致用。学校在构建学生专业实践内容指标体系时，要始终坚持“以学生为本”的原则，因材施教，并且结合实际工作岗位的需要，进行内容的安排。通过对学科专业分类、学习任务分类，指导教师进一步细化学生专业实践内容，编写社会实践专业知识应用指南，加强对学生专业应用能力的培养，避免学生在实践中出现目标迷茫、应用混乱的现象，帮助学生更好地融入实践，不断提升实践指导工作的针对性和有效性。

国家重大活动是开展高校学生思想政治教育的宝贵资源。在这些重大活动中，往往具有热烈的氛围，有助于学生更深刻地体会国家荣誉感和民族自豪感。要善于结合国家重大活动，有计划、有组织地在国家重大活动节点开展社会实践。比如，依托奥运会、亚运会、世博会等组织开展大学生志愿者服务活动。对于参与其中的学生来说，不仅能够在待人接物、职场礼仪等方面得到培训提高，而且有助于进一步激发其爱国主义情怀，坚定党的领导和中国特色社会主义道路自信。在重大节日、重大活动中，也可以结合博物馆等组织的相应展览，积极鼓励、组织学生参与，有效开阔学生视野，增强思想政治教育效果。由于思想政治教育的特殊性，传统的教育方式下学生之间的互动缺少共鸣，加之思想政治的教育效果受个人道德认知的影响较大，指导教师很难确保每个学生都能在实践中应用到位，而在国家重大活动时，社会环境能对学生行为起到一定约束作用，学生在社会舆论的造势中，对标身边的人和事，潜移默化调整自身行为。这是天然的思想政治教育课堂，能够收获较好的教育效果。

2.构建实践过程管理体系，指导学生自我管理，有效把控实践环节

高校社会实践包含内容设计、组织实施、效果评估等环节。要充分彰显社会实践的育人实效，就必须对上述的各个环节进行严格管理，针对不当及时指出并纠正改进；同时要尽可能地细化环节，针对每个环节要深入研究。其目的是：一方面，加强对社会实践各个环节的监督与管理，促进每个环节之间的顺利进行。另一方面，增强学生的主动意识，提高学生作为社会实践主体的参与程度，指导学生在社会实践过程中的自我管理；通过榜样引领、经验分享、社会实践成果表彰等方式，不断提升学生参与社会实践的意愿，引导学生树立正确的劳动观，崇尚劳动、尊重劳动，把自身的成长同社会的需要紧密联合在一起。要将思想政治教育融入社会实践，以培养学生参与社会实践的意愿，目的是：一方面，培养学生的担当意识，鼓励其勇敢面对向“社会人”转变；另一方面，鼓励学生的奉献精神，让其切实摒弃“精致利己主义”，以“功成不必在我，功成必定有我”的精神赤诚奉献。

在社会实践过程中，指导教师及社会实践负责人要保持与校方其他相关负责人员的联系，及时进行沟通，定期对工作内容进行回顾和梳理。参考社会实践的相关

通知和具体的管理要求，每一个社会实践团队要制订详细的活动预案。各阶段负责人要从社会实践开始到社会实践结束的各个环节进行严格的把关，及时了解每一个团队的状况，时刻进行宏观掌控。从学生个人的角度出发，要增强学生对社会实践活动的管理意识。鉴于社会实践地点的相关要求存在着特殊性，要努力提升在社会实践期间学生的自我管理意识，充分发挥学生的主动性。学校的管理单位要时刻保持信息的畅通，确保一旦出现问题能够第一时间联系到，校方与社会实践单位或是个人与社会实践单位也要时刻保持交流，这样可以保证学生在社会实践期间的一些需求能够得以满足，为学生顺利开展社会实践提供技术支持与条件保障。总体来说，就是通过落实各个环节，做好社会实践中每个细节的管理，对于社会实践过程中的各方人员做好调控管理与沟通，最终切实提高社会实践的育人实效。

3.构建实践效果评价体系，注重实践反哺教学，激励学生全面成长

目前看来，各高校的社会实践效果评价在很多方面仍然存在着明显的问题或不足。各高校应从评价来源、评价性质、评价内容等方面进行深入研究，全面调查问题或不足所在，最终确立一套高效且实用的社会实践效果评价体系。社会实践最终呈现的效果是一面镜子，反映社会实践的真实意义。它可以作为一个重要的参考，对社会实践工作的规范化发展有着关键指导作用，更是全面推进各高校的社会实践工作科学化、制度化发展的核心。各高校应高度重视社会实践效果对教学管理工作的反哺功能，不断深化、细化社会实践效果评价体系，切实加强社会实践的指导工作，全面推进教育事业发展，激励学生全面成长。

第六章

以锻炼学生劳动技能为核心的劳动教育

在悠悠历史长河中，我们的祖先通过劳动实现了人类文明的进步，劳动活动建立了与时代相呼应的关系。经过传承，直到现在，经过一代又一代人民的努力，在对劳动活动进行记录的过程中，展现了劳动精神，形成了中华民族的劳动文化。

在新时代下，我国对劳动的重视和对劳动人民的尊敬达到了新的高度。新时代中国青年劳动观教育的思想资源就是保护、传承、创新以往积累的劳动观教育资源。

第一节　引导学生结合学科专业开展生产劳动和服务性劳动

新时代的劳动呈现新的发展趋势，大学生群体也呈现新的特征，劳动教育肩负着新的使命。在新时代，大学生对劳动意识形态的认识提出了更高的要求，包含对劳动态度、劳动观念和劳动精神等的要求，但这些要求在高校结合学科专业开展生产劳动和服务性劳动教育的内容中尚未得到很好落实。

对大学而言，生产劳动和服务性劳动教育应结合学生的学科专业特点，有针对性地组织和安排学生参加实习培训、专业服务等，以提高学生的专业劳动技能和就业创业能力等。大学要充分挖掘和利用校内外的产业园，特别是与优秀的产业核心管理部门和引领行业的企业、工厂、学校等开展合作，让学生参加优质的生产劳动等。也就是说，大学应进一步深化产业与教育的结合，不能只停留在组织学生参加简单的生产劳动等层面，而是要促进学生进行专业研究，调动其劳动积极性，从而提高其专业水平，甚至让其帮助企业解决技术革新难题等。

一、生产劳动和服务性劳动与大学生的专业相结合的问题

1.高校生产劳动与服务性劳动教育中存在简化和分散的现象

新时代赋予大学生新的使命，同时赋予劳动教育新的内容，但在具体实施中，大学生劳动教育的内容不能充分满足新时代提出的新要求，简化和分散化是比较普遍的。大学生劳动教育普遍停留在中小学对劳动教育的要求阶段，无法突出区分中小学劳动教育的更高要求，从而简化了大学生的劳动教育。例如，一些大学动员学生从事形式简单、专注于提供基本生活服务的劳动和体力劳动等。尽管这些劳动并没有过时，但在中小学阶段其已经发展了很长一段时间，所以其教育意义相对于大

学生劳动教育过于简化。

时代变迁，社会进步，对高校生产劳动与服务性劳动教育提出了新的要求，必须创新才能适应时代发展的特点。高校生产劳动与服务性劳动教育的主要形式单一，是目前高校普遍存在的一个问题。通过调查发现，高校组织学生进行生产劳动与服务性劳动教育的形式，包括学校环境卫生打扫、实习培训、志愿者工作等，但集中在体力劳动上。高校相关管理者和教师应深刻理解国家的政策方向，确定高校生产劳动与服务性劳动教育目标，有效地部署相关劳动教育课程，并详细阐述和完善课程评价体系的重要环节等，从而跟上新时代对高校生产劳动与服务性劳动教育的要求。

另外，高校生产劳动与服务性劳动教育存在分散的问题，一些高校在开展学生劳动教育时缺乏重点，未能突出高校生产劳动与服务性劳动教育的核心任务。劳动教育是一种从整体上培养学生劳动素养的教育，其内容的深度和广度要以学生的身心发展规律为前提。大学生在心理和身体上比中小学学生更加成熟和强壮。这就要求高校生产劳动与服务性劳动教育具有更丰富的内容，能为大学生的劳动教育提供更广阔的空间。

在对大学生的劳动教育中存在分散的现象。例如，一些大学在大学生劳动教育内容中包括家务劳动、实践培训、实验或知识劳动等，但在具体实施过程中，这些内容缺乏明确的培育方向，彼此之间的联系不紧密，使劳动教育的内容像“孤岛”一样分散，以至于高校生产劳动与服务性劳动教育的主要任务很难完成。

2.高校缺乏对校内外劳动教育资源的开发和利用

劳动本身具有社会历史性。劳动教育具有特殊性。在新时代，只有在学校、家庭和社会中找到足够的劳动教育资源，才能丰富大学生生产劳动与服务性劳动的教育内容，增强大学生的劳动信心，但目前大学生劳动教育的资源有限，难以满足要求。

首先，高校对自身生产劳动与服务性劳动教育资源的利用不足。劳动是人类最基本的实践活动，也是人类一生中占最大比例的实践活动。劳动总是发生在人们的生活中。高校在开展生产劳动与服务性劳动教育时往往会忽略其丰富的教育资源。例如，我们可以看一下当今大学生的校园生活，除了一些专业工作外，有些日常劳动也是由工作人员完成的，大学生的工作机会非常有限。实际上，这些日常劳动可以由大学生完成，并可以为其提供最基本和长期的劳动培训，帮助其养成良好的工作习惯，但是许多高校没有利用校园中这些潜在的劳动教育资源。

其次，应进一步发现和监督校外的生产劳动与服务性劳动教育资源。对于成长中的大学生而言，打破学校生活的界限，打破专业的界限，扩大获得认可和直接体验工作敏感性的途径，并经历更多的真实和艰辛的挫折，他们的工作素养将提高到更高的水平。在大学生的劳动教育中，学校内部的劳动教育资源匮乏，必须在学校以外发现更多的劳动教育资源。当地社区、公司、社会组织、农场等可以为大学生提供非常丰富的劳动实践机会，并且可以向大学生介绍前沿的劳动思想和最新的劳动技术，但是这些社会劳动教育资源未被充分发现和有效整合。

3.缺乏对大学生进行生产劳动与服务性劳动教育相关课程的要求

在大学开设专业化、系统化的劳动教育课程，不仅是实现大学生生产劳动与服务性劳动教育的重要保证，而且是提高大学生劳动素养的必然要求。目前，我国大学生劳动教育在课程设置的部分仍然很薄弱，严重制约了新时代大学生劳动教育的发展。

4.高校生产劳动与服务性劳动教育保障机制不完善

高校生产劳动与服务性劳动教育保障机制不完善，主要是指大学劳动教育合作机制和审查评价机制应进一步建立与完善。前者是挖掘、统揽和丰富高校生产劳动与服务性劳动教育资源的重要保证，后者是鼓励高校生产劳动与服务性劳动教育发展的动力源泉。健康合作和提高制度的缺失是大学生劳动教育缺乏规范性的重要原因。

高校劳动教育任务具有整体性，全面包括学生劳动能力、劳动价值观等方面的要求；劳动教育内容多样，学生参与的劳动实践难度、强度、形式等方面存在差异；劳动教育主体多元化，大学、社会、家庭等都是重要的教育主体。这些增加了大学生劳动教育审查评价标准制定的复杂程度，是大学生劳动教育审查评价机制尚未形成的主要原因之一。

二、改进大学生与专业相结合的生产劳动和服务性劳动的措施

1.改革劳动实践课程的内容和形式，提高生产劳动和服务性劳动在高校劳动教育中所占的比例

首先，日常生活劳动是最基本的劳动实践课程的内容。高校从大学生进入学校开始，就要明确宿舍内务、校园环境卫生等日常生活劳动方面的大学生义务，加强监督管理，提高大学生的劳动意识。为了更有秩序地开展劳动实践课程，高校有计划地组织学生在校内食堂、教室等公共区域开展日常生活劳动，并将其作为劳动实践课程的最基本内容。

其次，新时代大学生劳动实践课程要体现劳动教育的公共性和时代性，必须定期组织大学生参加生产劳动和服务性劳动，特别要参加体现产业新形态的新型服务性劳动。比如，大学可以与地方敬老院、福利院、社区及环保、慈善机构、医疗卫生、教育文化等方面的社会组织等联系，为学生长期稳定地参与公益劳动、志愿服务等提供更多的平台。大学应有选择地组织和安排学生参加新型服务性劳动，让学生接近新型服务性劳动者，与他们一起劳动，这样可以丰富学生的职业体验，培养学生对劳动多样性的认识，让学生尊重劳动。在新型服务性劳动中，学生可以充分利用自己的知识和技术，在服务他人的劳动中实现创造性劳动，学生更可以感受劳动的意义，从而激发其愿意劳动的欲望、愿意奉献的精神，进而树立公共服务意识。

最后，大学生劳动实践课程应以生产劳动为重点教育内容。对大学生来说，除了通过日常劳动和服务性劳动等丰富劳动体验、培养劳动习惯外，为了提高专业劳动技能，要重视参加生产劳动，从而在此过程中吸收先进劳动理念，学习先进劳动

工艺等，为发展成为使用先进劳动方式的劳动人才打下基础。

大学生劳动教育与中小学劳动教育主要的区别是需要关注学生的专业能力培养，以帮助学生选择就业方向，所以专业课教师要增强劳动教育意识，除了讲授专业基础知识外，还要进一步拓宽学生的视野，向学生介绍专业领域最新的劳动理念、工艺、技术和方法等，要求学生在劳动实践中锻炼、掌握专业技能，以达到提高学生的劳动能力和就业创业能力等的目的。另外，专业课教师在讲授知识的过程中，要传播遵守职业伦理、树立创造意识、树立远大理想等方面的内容，从而让学生认识到，只有今天努力学习专业知识，掌握真正的能力，才能在未来依靠自己的奋斗创造美好的生活。

在大学劳动教育理论课上，可以从中国特色社会主义的发展过程、社会主义核心价值观、中国精神、中国梦等内容中提取丰富的劳动教育素材。对此，大学思政课教师应加强对学生进行劳动教育的意识，主动帮助学生从历史的角度、民族发展的角度、国家的角度、个人和社会的角度等更深入地理解劳动的重要意义。总而言之，大学思政课教师要有意识地挖掘一般思想政治教育内容中所包含的劳动教育资源，这样可以加强劳动教育对大学生的影响，并会对培养大学生良好的道德品质产生积极影响。

2.社会生产劳动与服务性劳动教育资源的整合与共享

对大学生来说，参与个别劳动活动或过程对其劳动观念和能力的影响非常有限，只有在持续现实的劳动中，他们才能更深入地体会劳动中的奉献、责任、成就等。生产劳动和服务性劳动教育基地的建立可以为大学生提供更多的长期稳定的劳动实践场所，丰富劳动教育的形式和内容。新时代大学生的生产劳动和服务性劳动教育基地建设要克服过去形式化的缺点，重视高校和社会劳动教育的联动，保障劳动教育的实效。

生产劳动和服务性劳动教育应确立“合作培育”的教育理念，有意识地将教育内容从课堂内延伸至课外辅导，从校内扩展到校外，采取一定的措施，整合校内外可以使用的劳动教育资源。当然，这些资源分散在校内外中，需要进一步规划，才能转化为可使用的劳动教育资源。

积极实践生产劳动和服务型劳动教育工作者的集约共享理念，提高大学生劳动教育工作者的使用效率。社会劳动教育资源的优化整合并不是为了让特定大学能够使用而提供的。对同一地区的大学来说，学校能够挖掘和利用的社会劳动教育资源的大部分都是重复的。为了全面满足大学生的劳动需求，大学之间可以设立专门的劳动教育责任部门，以加强学校间的合作交流，实现劳动教育工作者的最大集中和劳动教育工作者的合理使用，促进劳动教育工作者教育影响的最大化。例如，大学可以邀请模范、工匠等为学生开展讲座；联合举办劳动技能比赛等，促进学生的相互学习，增强劳动教育活动的影响力；共享生产劳动和服务性劳动教育基地等。

此外，充分利用网络，协调和统筹大学生的生产劳动和服务性劳动教育资源。社会生产劳动和服务性劳动教育资源丰富，有些部分是动态发展的，为了更好地把握和协调这些劳动教育资源，可由政府主导，组织各大学相关部门和社会机构；共同组织大学生劳动。有关教育部门可以建立网络平台。企业，农场，工厂，工会、共青团、女性联合会等团体，环保、慈善机构、医疗卫生、教育文化等其他相关社会组织等，都可以向网络平台公开其可以提供的劳动实践场所、劳动实习机会、劳动物资经费等劳动教育资源。同时，开放与大学的沟通渠道，促进大学根据劳动教育计划适当选择和利用这些劳动教育资源，促进合作和共赢。在这个网络平台上，还可以开发网络教学、讨论和咨询功能。利用这些功能，大学生可以不受时间、空间限制，创新劳动教育形式。

建立生产劳动和服务性劳动基地可以保证学生拥有长期稳定、专业负责运营的劳动实践场所。劳动教育基地提供的学习和实践内容不一定与学生的专业一致，但必须重视实践内容的多样性，以丰富学生的劳动体验，培养学生的劳动能力。大学在地域上，可以充分挖掘学校周边的劳动教育资源，可以是一片广阔的农耕地、某行业的先进单位等让学生体验劳动的场所或者提供劳动服务的基地等，主要是为了给学生提供合作交流的机会，让学生共同完成劳动任务，体验劳动，激发学生的劳动热情。

目前，建设大学生生产劳动和服务性劳动教育基地的新政仍处于探索阶段，为了更好地促进新时代大学生劳动教育的发展，可以优先考虑对现有教育基地内的劳动教育资源的挖掘。比如，大学可以依托爱国主义教育基地、红色教育基地、科学普及教育基地等现有教育基地，有机地结合劳动精神和民族精神、时代精神等，对大学生进行劳动教育。大学为大学生安排劳动实践时，可以把对这些教育基地的参观纳入活动范围。无论是革命家、文化名人还是科学家等，在其工作生活经历中，必然经历了辛勤的劳动、艰苦奋斗的岁月，这些真实的经历都是生动的劳动教育素材。这些教育基地或多或少包含着各个时代劳动者的劳动创业历史，不同时代的工人风采、劳动环境、劳动精神等都可以在这些基地找到痕迹。在这样的历史文化中，学生们可以更加深入地体会劳动形态的变迁和社会生产力发展之间的辩证关系。在学生参观这些教育基地前，大学劳动教育的负责人和基地负责人进行沟通，事先计划参观的主要内容，提前准备好与学生说明的内容，有选择地突出生产劳动和服务性劳动教育目的。

3.将生产劳动和服务性劳动教育与职业规划教育相结合

自我认知、职业选择、就业准备等大学生职业规划教育所涉及的内容与劳动教育有着密切的关系。在现代社会，劳动具有复杂性和多元化的特点。人们的职业种类越来越多样化，职业内涵也越来越丰富。仅凭教师的说明和介绍，学生无法彻底了解各职业的内容、特点、要求等。

劳动是大学生加强对职业认知的重要渠道。大学生劳动教育鼓励大学生参加日常生活劳动、公益劳动、实习培训等，促进大学生在真实的劳动环境中更直接地了解具体职业的特点及自己的性格、兴趣和能力等。为了加深大学生的劳动教育与职业规划教育的融合，职业生涯规划教师对学生进行职业观教育，在进行职业规划或创业指导的同时，可以渗透劳动价值观教育，比如，职业不分尊贵与否，任何职业都要靠勤奋奋斗才能取得成果，任何对社会有益的劳动成果都要受到尊重等。教师还应引导大学生认识自己的责任和使命，树立更远大的职业理想，鼓励学生到新时代中国特色社会主义建设和发展最需要的地方去建功立业。

4.重视学生的安全问题，加强对学生安全的保障

生产劳动和服务性劳动教育是通过实践培养人才的教育，是实践性很强的教育活动。大学阶段的生产劳动和服务性劳动教育的主要形式是组织学生参加实习培训、志愿服务、公益活动、社会实践等实践活动。在学生参与这些实践活动的过程中，安全问题尤为重要。高校要建立生产劳动和服务性劳动教育安全保障机制，以预防为主，处理为辅。

第一，高校要重视对学生进行安全教育，通过开设安全教育课程，提高学生的安全意识，使其掌握基本的安全防护知识。

第二，高校须完善学校保险体系，鼓励学生参加相关保险，为学生提供保障。

第三，高校在安排学生参加实践活动时，要做好安全管理，安排充足的劳动防护区和简单的医疗用品，如创可贴、纱布、胶带、棉棒等，在条件允许的情况下，在大型实践活动现场，配置一定的医疗人员以备不时之需。在开展“劳动周”等活动时，不安排学生进行存在安全隐患的劳动，及时排除劳动区域存在的安全问题，区域划分和任务分配时充分考虑男女性别差异。

第二节　完善大学生劳动素养教育培训机制

一、大学生劳动素养教育的内涵

劳动素养是指个人分析劳动中存在的问题，利用劳动技术解决问题的内在修养，其由劳动认知、劳动态度、劳动能力等构成。一个人劳动素养的发展应从两个方面着手，一是在日常教育生活中积极主动地学习劳动知识，提高劳动认知水平，端正劳动态度。二是提高劳动能力。而大学生劳动素养教育的内涵包括以下几个方面：

1.确立目标：以全面提高大学生劳动素养为总体目标

新时代高校的劳动素养教育是以人为本的劳动教育，以全面提高大学生的劳动素养为总体目标。劳动素养是指个人在长期生活中经过劳动锻炼和教育引导后形成的与劳动相关的素养。

新时代的劳动素养是包括劳动价值观、劳动态度、劳动精神、劳动能力和劳动习惯的综合概念。其中，劳动价值观是整个劳动教育体系的核心因素，是支撑体系中不同部分的核心内容。在开展新时代劳动教育时，必须关注“体用差异”，其中劳动价值观教育是根本，劳动教育最核心、最本质的目标是引导学生树立尊重劳动、尊重知识、尊重人才、尊重创造的价值观念；引导学生从心底里为努力工作感到自豪；培养学生对劳动者形成尊重和体谅的珍贵感情；帮助学生挖掘劳动创造的

积极性和能动性。

新时代劳动教育明确了劳动价值观教育的重要价值，新时代劳动教育的主要使命在于引导学生树立“四要素”劳动价值观。新时代的劳动教育应该注重培养学生勤俭、奋斗、创新、献身的劳动精神。当然，强调劳动价值观教育在新时代劳动教育中的核心地位并不意味着否定或贬低劳动能力、劳动习惯等教育内容。相反，在一次次的劳动技能训练中，在一次次的劳动创造实验中，在长期的劳动习惯培养中，学生们才能真正树立起一个坚定不移的劳动价值观。

2.价值指向：以实现人类自由全面发展为最终宗旨

新时代大学生劳动素养教育是在继承马克思主义思想的基础上的又一次创新发展。教育和生产劳动的结合是培养全面发展的人类的根本方法。但是在以往的劳动教育实践中，由于局限于日常生活和生产实践的经验化的认识，劳动教育缩小到劳动技能教育，歪曲了劳动教育的价值。

新时代大学生劳动素养教育是回归于人的教育，强调劳动体验，突出劳动教育在磨炼意志、铸造人格方面的重要作用。在新时代，生计性劳动所占的比重将越来越低，相应地，个人尊严和自我价值的实现将成为个体劳动的主要价值要求，劳动对人类的价值将越来越明显。从人类和动物的关系来看，没有劳动就没有从类人猿转变为人，没有从自然史转变为社会史，无法使人类的各个方面取得提高。因此，马克思提出，人的本质是自由自觉的活动，即劳动。

从人与人的关系来看，马克思指出，在其现实性上，人的本质是一切社会关系的总和。其中，劳动中形成的生产关系是各种社会关系的基础。马克思认为，人的需要是人的本性，也是人的实践活动的内在动因。当人类进入共产主义社会，劳动成为人的第一需要，劳动不仅是人的自由全面发展的前提条件，也是根本途径。劳动素养教育的本性就是引导学生在改造外部世界的同时改造自己，使学生不断地追求自由全面发展。

3.社会价值：集结实现中国梦的力量

在新时代，中国特色社会主义建设取得了世界瞩目的成果。中国的梦想不是享乐的梦想，而是国家富强的梦想、民族振兴的梦想、人民幸福的梦想，要想将美丽的蓝图转化为生动的现实，要从根本上依靠全体人民的勤勉创造。而青年大学生在社会中受到很多关注，提高大学生的劳动素养和劳动能力，在国家现代化发展中，不仅能更好地满足人才的需求，而且能够营造尊重劳动、崇尚创造性的社会氛围，从而聚集更多的中国力量，共同实现中国的梦想。

新时代大学生劳动教育有利于发扬中华民族的勤勉美德。勤勉是中华民族的兴家之本，是中华民族的富国之路。勤勉要求人们热爱劳动，不怕劳动中的劳累，用双手创造物质财富和精神财富，不断提高自己的生存质量，改善自己的生活状态。因此，劳动素养教育应把唤醒大学生对完整生活意义的追求作为任务，为培养新时代全面发展的社会主义建设者和接班人服务。

4.个人价值：促进新时代大学生价值观的形成

劳动素养教育有利于培养大学生的独立性。独立人格主要强调人的独立性，要求具有思考能力和独立解决问题的能力，这是进入社会必须具备的素质。

劳动素养教育有利于巩固大学生的理想信念。强烈的理想信念可以引导大学生制定理性的人生愿景计划，并鼓励他们面对挑战并继续努力。崇高的理想和信念是在劳动中产生的，并逐渐在劳动中确立。

劳动素养教育有助于提高大学生的幸福指数。幸福是人类的一种主观感觉和体验，是人们用来判断生活之美的一种手段，它源于人们的获取和满足感。人们在工作中释放自己的创造潜力，获得成就感，认识到自己的生存价值，改善人的心理状态，使人们积极面对困难，并鼓励人们不断追求更高的生活价值。在新时代，人们都追求美好幸福的生活，但人们对幸福的定义不再基于满足感官刺激和物质欲望，而是追求物质饱满和精神饱满的平衡统一。新时代大学生的劳动教育引导大学生树立正确的劳动思想和工作态度，增强大学生的工作意识，使他们感受到生活的充实和思想的丰富，并获得追求更高人生价值的精神动力。

劳动素养教育有利于培养大学生的意志和素质。坚强的意志是一种强大的精神力量，可以使人们克服困难并实现预期目标。新时代为大学生的发展提供了良好的机遇，但面对严峻的社会变革和转型，大学生必须有坚强的意志和良好的素质，才能从容应对一系列挑战，更好地实现价值。在新时代，重要的是通过对大学生进行劳动素养教育，使大学生有机会参加长期的劳动培训，这有助于培养大学生的意志和素质，增强大学生面对挫折和困难时的勇气和信心。

二、优化大学生劳动素养教育平台

1.制定政策完善大学生劳动素养教育的顶层设计

在新时代，加强大学生的劳动素养教育具有长期性和复杂性，需要面对社会对劳动素养教育的误解和对大学生劳动素养教育的忽视，以及当前高校发展动力不足等阻力。在大学生劳动素养教育方面，国家应制定相关政策，以规范大学生劳动素养教育的实施。

第一，国家应制定发展大学生劳动素养教育的中长期规划，以保证新时代大学生的劳动素养教育有序、稳定地进行。同时，各地方政府应根据国家政策的指导，结合当地经济发展水平、传统文化、自然资源等特点，制定对当地大学生进行劳动素养教育的具体措施。利用地方劳动素养教育资源，来提高大学生劳动素养教育的效果。

第二，国家应制定大学生劳动素养教育经费投入和使用政策。目前，新时代大学生劳动素养教育的师资培训、课程开发和环境建设仍处于初步探索阶段，为确保其发展能够取得实质性突破，教育部和财政部增加了对于大学生劳动素养教育的投入。高校可以利用这些投入建立起一支强大的劳动素养教育师资队伍；配备劳动教育设施；完成劳动素养教育基地的建设；支持与劳动素养教育有关的学术研究；开发劳动素养教育课程资源；进行劳动素养教育教学计划。对于劳动素养教育的专项支出，不仅可以为大学生劳动素养教育的发展打下物质基础，而且可以鼓励相关的教育工作者积极探索和研究新时代大学生的劳动素养教育，进一步增强新时代大学生的劳动能力。

第三，为了加强大学生的劳动素养教育，必须遵循大学生身心发展的规律，实现大学生劳动素养教育与中小学生劳动素养教育的区分与衔接。大学层次的劳动素养教育应主要培养未来社会的“预备工作者”，重点是通过劳动素养教育帮助大学生为实际劳动作准备，应丰富劳动素养教育的选择。例如，在对大学生进行劳动价值教育时，除了通过增加大学生的工作经验来增强其对工作的认知外，还应加强其对劳动理论知识的学习，使大学生更加理性、更加深入地认识工作的内涵和外延。对于大多数大学生而言，大学是进入社会并成为职业工作者的预备阶段。大学生劳动素养教育不仅需要培养大学生的基本工作技能、工作习惯和工作态度，还需要将其与大学生的未来工作联系起来。

2.劳动理论课程的开设应坚持全面性、实用性、开放性

当前，大学生的劳动素养教育课程大多侧重于实操内容，而关于劳动理论基础知识的介绍不足。通过开设专门的劳动理论课程，高校可以对大学生进行马克思主义劳动观、劳动精神、劳动文化、劳动法律法规等内容的教育，加深大学生对劳动性质、意义和特征的认识，并将其融入实践。

第一，加强马克思主义劳动理论教育。通过深入学习马克思主义劳动理论和其在新时代的重大发展，提高大学生在面对个人发展问题和现实劳动问题时辨别对错的能力。对此，首先要提高大学劳动课教师的马克思主义劳动理论水平，教育部门对劳动课教师进行专业的理论培训，使其真正掌握马克思主义劳动观及其在新时代的发展；其次要把马克思主义劳动观的内容纳入教材；最后，马克思主义劳动观教育要与时代发展和现实问题紧密结合。在教育大学生马克思主义劳动观时，不仅要介绍相关理论，还应结合现实问题，从马克思主义劳动观的角度进行讲授和分析，使学生利用马克思主义劳动理论自行思考和分析现实劳动问题。

第二，引入劳模精神。在中国特色社会主义建设和发展的道路上，模范工人的伟大成就是不容忽视的，他们是工人中的优秀分子，是时代的领头雁。模范工人的劳动服务事迹和其劳动精神、工匠精神是社会对大学生进行劳动教育的生动资源。建设以劳模精神为主要内容的劳动课程可以从这两个方面着手：一个是由劳模讲授劳动课。由全国或各城市的劳模组成特任教授组，根据大学劳动教育的课程目标和计划制定课程内容。劳模进入课堂，结合自己的劳动经历、劳动项目、劳动成果，与大学生分享创造美好生活的经验，使榜样精神和劳动精神扎根于学生的心中。另一个是在劳动课上讲劳模事例。由劳模精神研究领域的专家引导，在全国各城市，由年龄结构合理、学历结构合理、学术科研能力较强的专家学者组成科研组和演讲团，集中整理劳模精神相关研究成果，挖掘其中的劳动教育要素，设计不同专业大学生的教育内容，提高大学生对劳动精神、工匠精神内涵的认识。

第三，结合学生的发展需求，丰富劳动理论课的内容。大学生在劳动实践中，

以及在今后的生活和工作中，都会遇到各方面的问题，大学生劳动理论课是全体大学生的必修课，必须具有通识性和基础性。因此，大学生劳动理论课应着眼于学生的发展需求，将劳动经济学、劳动法学、劳动关系学、劳动市场学等劳动相关领域的知识融入其中，丰富大学生的劳动理论知识。例如，劳动课教师立足于新时代劳动发展的前景，帮助学生分析社会劳动力市场状况等与学生未来职业发展相关的劳动问题，让学生对当前劳动环境及新时代劳动者的素质要求有比较明确的认知，提前告知学生在未来劳动、就业中可能遇到的困难。另外，大学生劳动理论课还可以对目前的劳动法律法规及相关政策进行初步介绍。

第四，劳动实践课改革，强化大学生劳动体验。新时代大学生劳动教育在开办劳动理论课的基础上，要进一步完善劳动实践课，建立完整独立的大学生劳动课。新时代大学生劳动实践课应分层次长期开展，使劳动教育贯穿整个大学生活。根据大学生的特点，大学生劳动实践课以日常生活劳动为基本要求，提高服务性劳动、生产劳动所占比例，大学生可以走出校门，鼓励大学生在生动的社会劳动生活中理解劳动的意义，提高自己的劳动素养。

新时代大学生劳动实践课内容丰富，但要在实际教学计划中逐步进行，使大学生的劳动能力明显提升。根据大学生的学习特性和身心发育规律，低年级学生主要可以参加日常生活劳动和服务性劳动，高年级学生以生产劳动为主，更加重视劳动与未来职业的关联度，要求随着年级的增长逐渐提高专业性和研究性劳动实践教学的比重。大学生的劳动实践过程会更有可行性和目的性，大学生在劳动过程中也能感受到一定的“存在感”和“收获感”，更有利于大学生树立正确的劳动价值观。

第五，逐步结合，促进劳动素养教育与其他课程全方位融合。在新时代，进行大学劳动课程的开发并不意味着将劳动教育与其他课程分开。劳动教育与德、智、体、美教育是相互联系的。大学的思想政治教育、专业教育、体育、艺术教育等课程都包含着丰富的劳动教育资源。对此，新时代大学生劳动教育也必须提倡“培养课程劳动的理念”，在开设和加强劳动必修课的同时，要结合其他课程，促进劳动教育全面覆盖大学生的学习生活，充分突出劳动教育的综合性。基于大学生的学习特点和劳动教育内容，大学尤其要在以下几门课程中渗透劳动教育：

（1）结合专业课程。大学根据专业编排班级，专业学习是大学生的主要学习任务，与学生今后从事的职业有着密切的关系，大学生劳动教育要想实现全面的综合，必须重视在专业课程中有机地融入劳动教育。

（2）结合思想政治课程。劳动价值观教育是大学生劳动教育的核心教育任务，深化大学生对马克思主义劳动观的认知，引导大学生自发地进行劳动是大学思想政治教育必须取得的成果。

（3）结合社会实践课程。“以劳动养人”是新时代大学生劳动教育的主要方式，因此社会实践是开展大学生劳动教育很好的媒介。组织大学生进行社会实践，适当增加劳动教育内容，可以丰富学生的劳动体验，提高学生的劳动能力。

3.坚持渗透性原则，建立劳动素养教育宣传平台

校园文化建设在整个高校建设中占有重要地位，校园文化对高校和学生都有重要影响。学校文化与高校的所有业务能否顺利进行有关，好的学校文化对高校的劳动素养教育有积极的效果，而大学生则处于世界观、人生观、价值观形成的关键时期，校园文化对大学生的思想观念有着深刻的影响。在开展劳动素养教育的过程中，要重视校园文化的积极作用，可以通过树立劳动模范雕像、举办劳动精神专题讲座、建立劳动教育促进平台等途径，来营造良好的劳动教育氛围。

公共关系平台是劳动素养教育的重要载体，高校应坚持渗透性原则，以确保学生接受隐性的思想训练。高校的公共关系平台是一种特殊的教育途径，是高校传达信息的重要工具。

首先，高校应高度重视对公共关系平台从业人员的思想教育，加强对公共关系人员的培训，使他们充分认识到公共关系平台的积极作用。利用广播、LED户外屏、微信公众号等宣传平台，宣传劳动模范人物、新时代劳动素养教育思想和劳动素养教育目标等内容。通过这样的平台，可以提高学生的劳动意识，并使其将信念内化为价值取向，并用它们来指导自己的行动。

其次，充分利用学校俱乐部等组织，创造学校活动新平台。大学生劳动素养教育应充分利用学校社团和各种组织，开展各种活动，使学生在参加活动的过程中能接受劳动教育。

最后，发现社会实践资源，拓展社会实践平台。劳动素养教育的特点之一是它的实用性很强，如果仅在课堂进行授课，由于理论与实践无法结合，很难实现劳动素养教育的目标。当实践的主体是大学生时，社会实践是指一系列的实践活动，其中大学生致力于某个社会领域并参与社会工作，其主要形式是主题实践、社会研究、志愿者工作、社交活动。学生参加社会实践活动时，可以提高他们的工作意识，培养劳动观念，养成良好的劳动习惯，提高劳动技能和解决问题的能力，并为将来的社会实践培养素质和磨炼意志，为将来寻找工作和创业打下坚实基础。

高校在开展劳动素养教育时，要充分利用日常生活中的各种载体，发现社会实践资源，为学生建立良好的社会实践平台，引导学生进入社会，使其成为有用的人。

4.加强大学生劳动素养教育教师队伍建设，提高教育工作者素质

师资队伍是大学教育中的第一资源，高校教师的素质直接影响着大学教育的质量和水平。要加强新时代高校的劳动素养教育，首先要加强劳动教育师资队伍建设，提高教育工作者素质。

首先，要将劳动精神和劳模精神纳入师德师风建设。从高校的立场来说，首先要建设好高校教师队伍，师德师风建设是高校教师队伍建设中的重要组成部分。师德师风建设是加强高校教师队伍建设和提高教学质量的基本要义，也是全面贯彻党的教育方针、坚持中国特色社会主义教育发展道路、培养德智体美劳全面发展的社会主义建设者和接班人的重要措施。

其次，提高教师的个人劳动素养，让新时代劳动教育的内涵要求内化为教师的价值追求，外化为行为自觉，以高水平劳动素养的教师队伍引领劳动教育理论知识研究、学生成才培养、文化传承等使命。

此外，应加大教师队伍的层次化管理。劳动教育是管理育人、服务育人、文化育人、实践育人等多种途径协同推进的系统性工程，要想实施好这项工程，高校需要保证充足的师资力量，因此应加强教师队伍的层次化管理，由不同的人员来担任劳动教育教师。

三、完善大学生劳动素养教育评价机制

1.科学制定大学生劳动素养评价标准

新时期大学生劳动素养教育的内容既有理论依据，又有实践意义。劳动素养教育的目标包括价值观和实践技能两方面。不同专业、不同年级学生的劳动素养教育形式不同，建立科学合理的劳动素养教育评价标准相对困难，只有在具体实践中慢慢探索、不断调整，才能建立合理科学的评价标准。为了确保新时代大学生劳动素养教育评估标准能够朝着更加客观、全面的方向发展，大学生劳动素养教育评价标准必须确定以下几项原则：

首先，必须根据劳动素养教育使命建立总体评价标准。新时代大学生劳动素养教育的使命包括建立正确的劳动价值观，保证基本劳动能力和培养良好劳动素质等内容。这意味着大学生劳动素养教育的评价标准还应包括学生的劳动绩效、劳动技能和劳动质量等内容，只有通过对这些方面的综合评价，才能充分反映大学生的劳动素养，完成新时代大学生劳动素养教育的主要使命。

其次，有必要根据劳动素养教育的形式设计一种多维的考核评价方法。在新时代，大学生劳动素养教育的评价主体是多元化的，包含全职劳动教育教师、社会兼职老师、学生等多个主体。因此，对大学生劳动素养教育的评估和评价应结合学生自评、同伴互评和教师评价，确保对大学生劳动素养教育的评价更加客观全面。此外，从劳动教育考核的形式来看，对于劳动理论教育的部分，可通过一般的书面考评的形式进行，如在学期中间和学期末要求学生结合现实生活以某劳动主题撰写小论文，促进学生对理论知识的深入思考，从而检验学生对课堂内容的消化程度。对于劳动实践教育部分，一方面，要安排校内外劳动教师共同记录和考评学生参与劳动实践的出勤率、劳动过程中的态度、完成劳动任务的质量，并作为最后评定劳动课程成绩的重要依据；另一方面，可通过举办劳动技能竞赛、劳动成果展示等活动考查学生的劳动素养。

2.合理掌握新时代大学生劳动素养评价的内容

新时代大学生劳动素养评价内容包括理论内容和参与实践两部分。理论内容部分，主要以马克思主义劳动观为价值导向，继承和发扬中国传统的优秀劳动思想，参考和吸收国外劳动思想的精髓，理解和掌握新时代劳动教育的内涵和特点。劳动素养教育的实施不仅仅局限于系统的劳动思想知识的认知学习，还包括新时代大学生劳动教育实践，有计划地组织大学生进行日常生活劳动、生产劳动、服务性劳

动。劳动思想理论认知学习是基础，劳动教育实践为重点。只有在认知方面高度认可，才能在具体实践中作出正确的行动。实践劳动的多样性使劳动素养教育课程评价的内容更加多元化。

日常生活劳动教育作为新时代大学生劳动教育实践的基础，不仅关注大学生的生活自理能力、自救能力，也是大学生进入社会生活、适应社会生活的重要基础。取得父母对学校劳动素养教育的支持，捕捉在学校、家庭中衣食住行等日常生活的劳动实践机会，坚持自我管理，进行劳动功能、生活功能、服务性劳动教育，注重为他人和社会提供服务，突出公共服务意识、社会责任感、无私奉献精神。日常生活劳动教育和服务性劳动教育属于非生产劳动教育，生产劳动教育具有一定的技术专业性，包括精神劳动和体力劳动、集体劳动和个体劳动、创造性劳动和重复性劳动等。在专业技术实践中，体会劳动的艰辛，锻炼意志。当然，劳动并不仅仅是辛苦。只有通过与人和社会的充分接触，切实感受到生活的苦难和痛苦，才能珍惜劳动的成果，尊重劳动人民，感受劳动带来的幸福和快乐。日常生活劳动、生产劳动、服务性劳动的教育内容和大学劳动教育课程评价内容各有侧重，但总体来看，两者都很重要，不能偏颇。结合新产业、新业态、新技术，与新时代一起挖掘劳动教育的新内容。认识到劳动具有教育价值，通过劳动达到劳动教育的效果，最终实现道德的提高、智慧的增加、体质的强健、美感的涵养，体现了劳动培养的基础作用和综合价值。以日常生活劳动教育、生产劳动教育和服务性劳动教育为主要评价内容，大学生劳动教育将同步推进三大模块，尽快完善新时代大学生劳动素养教育评价机制。

3.建立科学完善的规章制度，为劳动素养教育提供制度保障

高校管理的一个重要手段就是规章制度。规章制度是高校为了实现一定的教学目的，维护学校的各项秩序，根据国家相关法律法规，在学校职权范围内制定的，对学校业务具有约束力的规范性文件的总称。高校规章制度是高校管理内部协调、稳定必需的行为规范，是高校良性运营的保证，能有效提高高校工作效率。大学生劳动教育的开展也离不开科学完善的规章制度，新时代大学生劳动素养教育必须制定科学、民主、稳定的规章制度，保障劳动教育的顺利实施。

首先，要制定劳动素养教育章程，并在其基础上制定细则和管理办法，如劳动教育学生管理手册、劳动科目审查方法、劳动素养教育课程休假申请等注意事项、劳动素养教育经费管理细则等，根据学校劳动素养教育开展的实际情况，结合学生发展需求和社会需求，不定期地修改和完善规章制度。此外，高校应加强执行力度，确保劳动素养教育规章制度的实际执行。

其次，要注意正确运用新时代大学生劳动素养教育评价方式。劳动素养教育的实践性很强，因此不能单纯地以分数和等级进行评价，而是要进行多元化的客观综合评价。新时代大学生劳动素养教育评价内容包括新时代大学生劳动教育理论内容和参与实践两部分。理论部分是认知测试，实际参与是能力测试，主要对大学生在劳动教育过程中的积极参与度、行为表现和劳动效果等进行客观评价，可借助阶段

审查、操作展示、成果展示、劳动技能比赛、日常观察、作品评定等多种方式，对劳动强度、劳动时间、劳动态度、劳动规律、劳动技能的掌握及专业知识的活学活用等指标进行客观评价。对大学生劳动素养的综合评价标准不仅要注重“结果”，还要注重“过程”，强调结果和过程同等重要。劳动素养总体综合评价标准始终以学生为主体，综合反映学生的劳动观念、劳动精神、劳动态度、劳动经历、劳动能力和劳动成果。评价标准的核心要旨是要重视大学生的劳动感情和劳动态度。

4.重视大学生劳动素养教育的评价结果

重视大学生劳动素养教育的评价结果是提高高校教师和学生对劳动素养教育的关注度、促进大学生劳动素养教育实施的重要途径。新时代，大学生劳动素养教育的评价结果必须与新时代高校人才培养体系相适应，明确地将大学生劳动素养纳入学生综合素养评价体系。

第一，大学生的劳动课和其他必修课一样授予学分。学生要想获得劳动教育学分，必须参加该劳动理论课，完成规定的劳动实践课，否则无法获得学分，这也意味着劳动课审查评价不合格就不能顺利毕业。

第二，高校必须设立单独的奖项，表彰劳动成果优秀的学生，为其他同学树立学习模范。高校每年都会在劳动月或劳动周集中表彰“校园劳动模范”，或者在学年末增加“劳动先进个人”“优秀劳动人物”等奖项，以鼓励学生养成劳动习惯、热爱劳动。

第三，高校要将学生的劳动素养纳入优秀评价标准，并在学生的毕业成绩表和个人档案中体现劳动素养评价成绩。高校在评定“三好学生”“优秀学生干部”“优秀毕业生”等荣誉称号或授予奖学金时，应将学生的劳动素养纳入评审标准，对劳动素养不合格的学生应取消获奖资格。另外，学生劳动素养的评价成绩必须包括在学生的毕业成绩表或综合素质评价表中。这样，企业在选聘时，可以将其作为评价依据之一。大学生对自己劳动素养的重视程度也会随之提高。

完善大学生劳动素养教育评价机制是新时代高校劳动教育课程实施的重要一环。劳动素养教育课程评价的过程不是为了奖励或惩罚，其真正目的在于引导、激励、发展和提高。充分发挥劳动素质教育评价的作用，展示学生劳动成果是对学生创新能力的最好认可、激励和鞭策。高校必须发挥考核评价的积极引导作用，教师重在引起学生的劳动兴趣，使其感受劳动成果带来的喜悦。劳动素养教育是一项长期艰巨的任务，高校可以制作大学生劳动素养教育文档，包括在校大学生劳动素养评价、毕业后劳动贡献度追踪评价。采用灵活多样的评价方式，对新时代大学劳动教育课程内容进行多元化的客观综合评价，真正实现大学生的自我实现和全面发展。

参考文献

［1］习近平．高举中国特色社会主义伟大旗帜 为全面建设社会主义现代化国家而团结奋斗——在中国共产党第二十次全国代表大会上的报告（2022年10月16日）［N］．人民日报，2022-10-26．

［2］习近平．决胜全面建成小康社会 夺取新时代中国特色社会主义伟大胜利——在中国共产党第十九次全国代表大会上的报告（2017年10月18日）［N］．人民日报，2017-10-28．

［3］习近平．习近平谈治国理政：第一卷［M］．北京：外文出版社，2018．

［4］习近平．青年要自觉践行社会主义核心价值观——在北京大学师生座谈会上的讲话（2014年5月4日）［N］．人民日报，2014-05-05．

［5］习近平．习近平在同各界优秀青年代表座谈时的讲话［N］．人民日报，2013-05-05．

［6］中共中央马克思恩格斯列宁斯大林著作编译局．马克思恩格斯文集（第一卷）［M］．北京：人民出版社，2009．

［7］中共中央马克思恩格斯列宁斯大林著作编译局．马克思恩格斯文集（第二卷）［M］．北京：人民出版社，2009．

［8］中共中央马克思恩格斯列宁斯大林著作编译局．马克思恩格斯文集（第三卷）［M］．北京：人民出版社，2009．

［9］中共中央马克思恩格斯列宁斯大林著作编译局．马克思恩格斯文集（第九卷）［M］．北京：人民出版社，2009．

［10］中共中央文献研究室．十三大以来重要文献选编（中卷）［M］．北京：人民出版社，1991．

［11］中共中央马克思恩格斯列宁斯大林著作编译局．列宁专题文集 论辩证唯物主义和历史唯物主义［M］．北京：人民出版社，2009．

［12］陈群．大学生社会实践的合作性支持体系构建与实施指导［M］．合肥：合肥工业大学出版社，2016．

［13］陈冉，任少伟．优秀大学生的成长路径特征及启示——基于近10年“中国大学生年度人物”事迹文本研究［J］．安徽工业大学学报（社会科学版），2019，36（5）：100-103．

［14］陈茹．关于当代大学生建立正确的人生观与价值观——深入学习习近平总书记教育思想（五）［J］．科技视界，2013（34）：156．

［15］翟博．加强中华优秀传统文化教育［N］．中国教育报，2017-08-31．

［16］冯留建，刘国瑞. 新时代高校思想政治教育内容创新研究［J］. 学校党建与思想教育，2018（7）：4-8.

［17］高翠翠，王东维. 邓小平理想信念理论的当代价值［J］. 传承，2015（9）：23-25.

［18］黑格尔. 小逻辑［M］. 贺麟，译. 北京：商务印书馆，1980.

［19］侯莲梅. 新时代大学生中国精神培育研究［M］. 西安：西安电子科技大学出版社，2020.

［20］胡树祥，吴满意. 大学生社会实践教育理论与方法［M］. 北京：人民出版社，2010.

［21］贾令岚. 马克思主义的科学实践观及现实意义［J］. 科教导刊，2018（33）：152-153.

［22］李雪章. 当代中国大学生精神动力培育研究［D］. 昆明：云南大学，2016.

［23］刘金祥. 中国古代文人的家国情怀［N］. 文艺报，2019-02-18.

［24］骆郁廷. 精神动力论［M］. 武汉：武汉大学出版社，2003.

［25］马绍孟. 学习马克思主义经典著作 坚持马克思主义指导地位［J］. 思想理论教育导刊，2012（11）：17-20.

［26］祁新荣，汪建. 思想道德修养和法律基础［M］. 南京：南京大学出版社，2006.

［27］舒心心，包桂芹. 马克思主义哲学实践观的内涵及其理论意义［J］. 内蒙古民族大学学报（社会科学版），2004，30（2）：55-58.

［28］宋辉. 大学生社会实践活动的意义、存在问题及对策［J］. 鞍山师范学院学报，2018，20（1）：105-108.

［29］谭成才. 论当代大学生社会责任意识缺失的现状、成因及对策［J］. 吉林省经济管理干部学院学报，2015（6）：65-67.

［30］魏华. 浅谈大学生世界观形成的影响因素与对策［J］. 青年探索，2009（3）：25-27.

［31］吴潜涛. 正确理解理想信念的科学含义［J］. 教学与研究，2011（4）：5-9.

［32］熊峰，周琳. “工匠精神”的内涵和实践意义［J］. 中国高等教育，2019（10）：61-62.

［33］亚里士多德. 尼各马可伦理学［M］. 廖申白，译注. 北京：商务印书馆，2003.

［34］张健. 践行工匠精神的四个维度［N］. 中国教育报，2018-11-13.

［35］张坤. 当代大学生社会公德意识淡化的原因分析与对策探讨［J］. 吉林省教育学院学报，2014，30（5）：15-16.

［36］张樱. 面向21世纪之中国高等教育课程体系的改革［J］. 清华大学教育

研究，1999，20（2）：137-140.

[37] 郑大发. 什么是新时代的“工匠精神”[N]. 人民政协报，2018-08-30.

[38] 周军铁. 大学生学习能力培养存在的问题与对策研究 [D]. 长沙：湖南农业大学，2007.

索　引